JN060941

無我の見方

「私」から自由になる生き方

アルボムッレ・スマナサーラ
Alubomulle Sumanasara

はじめに

お釈迦様の無我論

この頃は少し風向きが変わっているようですが、かつての日本では「ゆとり教育」といって、「個性を認める」「個性を伸ばす」といったことが盛んに言われていました。小学生に対しても「個性を重視しよう」「自分らしく生きよう」などと言った結果、人の意見に耳を貸さない、わがまま放題の子供たちが増えてしまったとも聞きます。

同時に、「自分らしさとは何だろう」ということを、真面目に考えすぎてしまう人もいるようです。

しかし、「本来の自分」「確固としたあるべき自分の姿」を探しはじめると、けっこう大変なことになります。「自我を確立しよう」「アイデンティティを確立しよう」と、相当考えたり、悩んだりすることでしょう。しかし、自我とは何か、アイデンティティとは何かを発見できず、途方に暮れているのが現実ではないでしょうか？　自我もアイデンティティも、そう簡単には見つからないようです。

そして、「どこかにあるはずの本当の自分」を探し求めながら、私たちは、自我を主張してしまいます。「本当の自分が見つからない」と思い悩みながら、ついつい我を張って、「私が」「私が」とつい大きな声を出してしまい、周囲の人たちと摩擦を起こしたり、周囲の人たちに迷惑をかけたりしています。そして結局は「自分とは何か」を理解できないまま、得体のしれない「自分」に振り回されてしまうのです。

そんな「自分探し」に振り回される生き方は、不幸な生き方と言わざるをえません。

では、考えてみましょう。なぜ、自我やアイデンティティは見つけられないのでしょうか？

理由は二つ考えられます。

①自我は人間に発見できる領域を超えたところに隠れています。ですから、見つけることは不可能です。

②自我やアイデンティティというのは、はじめからない、存在しないものです。だから見つからないのです。

＊　＊　＊

頭ごなしに自我を否定すると猛烈な拒否反応が起こるかもしれません。「そんなことはない。自我もアイデンティティも、あるはずだ」と思うほうが一般的な感情でしょう。それもそのとおりです。世間の考えに対立した思考を持つためには、一般人・大衆が好むものだからです。自我・魂《たましい》・霊魂・神といった概念は、大胆な勇気が必要です。皆の思考・信仰に便乗して生きることは、どちらかというと楽で、安心を感じます。しかし、調べること、観察すること、疑うことをやめた「魂を信じます、神を信じます」という態度は、安全対策ならぬ逃避行動です。自我や魂などがあると信じてはいるが、逃避者だと思われたくない方々は、この本を一読してみてください。

世の中には、魂も神も信じないと言っている方々もいますが、その考えもまた、単純な信仰にすぎません。物事をことごとく調べた結果として至った結論ではないからです。「自我がない」と頭ごなしに否定する前に、この本を読んで、無我とは何かを理解したほうがよいと思います。

本当のことを言えば、お釈迦様は自ら積極的に無我について語られたわけではありません。しかし、自我について思い悩む現代の方々が生きるためのヒントになればと考えて、仏教の「無我」の理論をまとめることにいたしました。

お釈迦様は二六百年前に、「我はない」「一切は無我である」と喝破されました。それは決して難解な理論ではありません。単純・素直に自分を観察してみれば、すぐわかることです。

しかし、「自我もアイデンティティもあるはずだ」という間違った考え方になじんでしまっている現代人にとって、お釈迦様が語られた無我の話は相当高度な理論だともいえます。ですから、ぜひ頭をまっさらにして、素直にお釈迦様の理論に耳を傾けてみてください。

＊　＊　＊

さて、お釈迦様が語られた「無我」とはどういうことなのでしょう。たとえば、「自分などない」「生き方など考える必要はない」と言っているのでしょうか?

それは大いに違います。私たち一人ひとりが「善い生き方とは何か?」について考えて、善い生き方を実践することは、仏教の教えそのものなのです。

「無我」を生きるとは、自分を大事にして、自分を基準として、自分自身を頼りに、自分の意志で生きることにほかなりません。お釈迦様はそれを「自灯明《じとうみょう》」という言葉で表現されています。

自分のことを一番心配するのは自分でしょう。悪いことをしたら苦しむのも自分でしょう。他人も苦しむかもしれませんが、先に苦しむのは自分です。悩みも苦しみも自分が感じるもので、幸福も自分が感じるものです。判断基準は自分以外にはなく、自分を頼りに生きていくしかありません。ですから、お釈迦様がおっしゃる無我とは、「正しく自分を理解すること」でもあるのです。

本書で順を追って説明していきますが、詳しい理論の解説に入る前に、現代の私たちがなぜ自分探しに夢中になるのか、そして、なぜそれがよくないのかということについて、その全体像を序章でお話しいたします。

そして第1章から、「お釈迦様は無我についてどのように考えたのか」について、インドの古代哲学と比較しながら、その理論を詳しく掘り下げていきます。

今まで知らず知らずのうちになじんでしまった概念に振り回されることなく、一つひとつ正しく理解してみてください。そうすれば、「お釈迦様が説かれた『本当の自分』」というものに出会うことができるでしょう。

皆さまに、三宝のご加護がありますように。

アルボムッレ・スマナサーラ

目次

編集／株式会社アンデパンダン
協力／佐藤哲朗
中田亜希
本文デザイン・ＤＴＰ／鰹谷英利
装丁／幡野元朗
装画／増田孝祐

序章……私たちはなぜ無我を学ぶ必要があるのか

なぜ「自分探し」や「アイデンティティ」が必要とされるのか

私たちはなぜ、自分探しやアイデンティティといったものを必要とするのでしょうか？

それは私たちが、今まで集団で行動してきたからです。

集団行動が悪いのかといえば、一概に悪いとはいえません。集団行動をしていると、まわりがやっているように、言われるとおりにやればいいから、悩む必要もありません。そういうわけで、集団行動は気楽です。責任も問われません。だからこそ、うまくいく場合もあります。

実際、日本では、皆で一つの組織にかたまり、自分を出さないでコミュニティに合わせて生活することが美徳であると考えられてきました。皆がやることを皆と同じようにやればいいという、コミュニティ心理です。

日本では、戦国時代の武将、毛利《もうり》元就《もとなり》の有名な話がありますね。元就が三人の息子たちを呼んで、一本の矢を折るように命じました。三人とも難なく折りました。次に三本の矢を束ねたものを折るように命じると、誰も折ることができなかった。一人ひとりバラバラでは弱いけれど、皆が結束すれば大きな力になるという話です。

このように日本では、バラバラに好き勝手なことをするのではなく、集団として結束するということが、一つの徳目になっていました。ですから日本人は、自分を出さずに、会社のため、家族のため、国のためという姿勢で生きてきました。

これは、ある時期まで、それなりにうまく機能していただろうと思います。

しかし、そんなワンパターンで、いつまでもうまく進むはずがない。物事は常に変わります。世界も変わります。だから、集団行動ではもうたちゆかない局面が現れてくるのです。

三本の矢を束ねれば確かに強いかもしれません。しかし、矢は一本ずつ射なければなりません。だったら、一本一本の矢が強くなければならない、そういう時代になったのです。

なぜ社会は個性を出すことを求めるのか

現代社会は競争原理で動いているので、常にアイデアが求められます。何のアイデアもなく、皆がワンパターンで生きていたのでは、社会は成り立ちません。何か新しいアイデアを出したり、新しい型を考えたり、新しい発明をしたりして、今までの流れを変えなくてはいけない。そこで今度は、「個性を出せ」と言われるようになってきたのです。

しかし、集団行動がうまくいかなくなった途端、皆に個性を持って自分で考えろと言っても、今までそんな経験はないし、そのための教育を受けたこともないから、簡単にうまくいくわけがありません。

日本の子供たちの中には、数学が得意な子供がけっこういます。数学が得意ならば、ある程度論理的であるはずですが、実際は決まりきったパターンで問題を解くことが得意だというに過ぎないのです。答えはあらかじめ決まっていて、自分の好きな答えは出せません。

ですから物事を考えない人にとって、数学はすごく簡単な勉強だともいえるでしょう。これだからこうなる、だからこうなる、だから答えはこうだという具合に、パターンに当てはめればよいからです。

しかし、数学を究めようとしたら、ワンパターンではすまされません。自分の力で、いろいろな方程式をよく理解して、様々な角度から問題にぶつけて答えを導き出さなければならない。そうした創意工夫の努力をした人だけが、立派な数学者になっていくのです。

数学に、最近まで誰も解けなかった問題がありました。一九〇四年にフランスの数学者アンリ・ポアンカレによって提出された、ポアンカレ予想です。その、百年間誰も解けなかった問題を、ロシア人数学者のグレゴリー・ペレルマンが二〇〇二年から二〇〇三年にかけて解決しました。彼は、歴史的なこの問題をどう解決するのかと、考えに考えて、数学的なアプローチではなく、物理学的なアプローチでこの問題に迫って、見事解決したのです。その格闘のドラマがテレビ番組でも取り上げられたので、記憶されている方もいるでしょう。

他に日本人が得意な分野といえば、マンガを描くことでしょう。なぜマンガがうまいかというと、皆が描いているからです。皆が描いているからまねればいい。でも、いくらまねて描いたとしても、それで道を究められるわけではない。皆がアンパンマンのマンガを描いてしまったら、話になりませんね。楽しみで描く分にはかまわないのですが、それでは食べていけない。だから、他人とは違う、何か突飛なことを考えて、アンパンマンより面白い、別のマンガを創作しなければダメなのです。

もちろん、マンガにしても、繰り返し同じものを描いて学ぶことは大切です。しかし、そこにとどまってしまうと、一生下働きで終わってしまいます。先生がアイデアを出したら、そのとおりに描いて出版社に送るアシスタント止まり。自分自身がマンガ家になることはできないのです。

自分はマンガ家だと言うためには、今までにないマンガへのアプローチが必要です。しかし現代の日本人にとって、今までにないアイデアを出すことは、途方もなく難しい仕事になっているようです。

意欲が起きなければ個性も発揮できない

アイデアを出せ、新しいアプローチをしろといっても簡単なことではありません。本人がやる気にならないと始まらないのです。

よく、「あの人がこう言ったからやった」、たとえば「親が勉強しろと言ったからやった」などと、何でも他人のせいにする人がいます。しかし、他人が何かをやらせることはできません。親が勉強をしろと言っても、本人が勉強する意欲を出さないと、できないでしょう。犬だって同じです。犬に水をあげることはできますが、飲むのは犬です。

他人が無理やりに飲ませることはできません。

これは、教育現場では大変大きなポイントになります。「勉強しろ」と強引に言っても意味がない。心理学的に、一人ひとりに勉強したいという意欲を出させることが大切です。そうすれば、自然と勉強するのです。

教える側の仕事とは、「やってやろう」という子供の気分を何とかして引き出すことです。いくらしっかり教えたとしても、子供たちは学ぶことの意味がよくわかっていないからです。

管理者にとっても同じことです。部下に力を発揮してもらいたければ、一人ひとりにやる気を起こさせなければなりません。

私はスリランカにいた頃、大学で仏教を教えていました。当時一番心を砕いていたポイントは、学生たちをいかにやる気にさせるか、でした。いったんやる気になれば、学生たちは自分からどんどん勉強するようになるのです。

スリランカは何でも国家試験の国ですから、大学にも当然試験があります。そして試験が終われば、答案を採点しなければなりません。学生の中には私が教えたことをそのままきれいに書く学生もいましたし、教えられたことを基に自分の考えを書く学生もいました。評価が高くなるのは、自分の考えを書く学生でした。
たとえ私が言ったことをそのまま書き写して出しても、百点は出せません。「よく記憶しましたね」ということで六十点がせいぜいです。そこに自分の思考・アイデアを盛り込んではじめて、点数が上がるのです。

社会に学び、社会に貢献すること

アイデアといっても、思いつきではダメです。物事を学ばないで、いきなり個性を出せというのは正しくありません。世の中のことを学んで、そのうえで「あなたは社会に何で貢献するのか」を問わなければいけないのです。

世の中で、いきなり自分の世界が確立される、ということはあり得ません。人間にとっての宝は、自分も社会に何か〝プラスアルファ〟すること、何かに少しでも貢献することです。私たちは社会に育てられたからです。

社会に育てられた以上、「いい子」のままではダメです。それでは社会は発展しません。皆が社会に人類に、何かほんのわずかなことを足していかなければならない。そして、そのわずかな〝プラスアルファ〟をした人が、人々の記憶に残るのです。

人々はベートーベンを憶えています。モーツァルトも憶えています。ただ、あの二人にしても、画期的なことをしたわけではありません。クラシック音楽自体はもともとあったものです。彼らはそれらを学んで、自分なりにちょっと突飛な〝プラスアルファ〟をしただけ。

マイケル・ジャクソンにしても、彼がデビューした時点でロック音楽はすでにあったのです。でも彼は、エルヴィス・プレスリーのモノマネをしたわけではありませんね。彼はすでにあったソウル・ミュージックやロック・ミュージックを学びました。さらにインドに渡ってインドの踊りや音づくりを学んだりもして、学んだことを自らの作品に見事に活かしました。他の人々から学びはしましたが、モノマネではなく、オリジナリティ溢れる独創的な音楽を世界に発表しました。

そのように、私たちはいつでも先人の仕事に何か〝プラスアルファ〟して、世界に貢献しなければいけないのです。そうでないと、世の中は成り立たなくなります。

少しわかりやすい話をしましょう。子供が親の言いなりに成長したら、社会は滅びてしまいます。確かに子供は親に育てられるかもしれません。しかし、何としてでも親を乗り越えなくてはいけないのです。親に逆らってでも、親を乗り越えなくてはならない。

たとえ親に逆らおうとも、それが社会に何かをプラスアルファすることだったり、社会に何か貢献することだったりするなら、それでよいではありませんか。

親に逆らってただ不良になったのなら、意味はありません。親に逆らって、親のパターンとは違う、別のパターンにはまりこんだだけだからです。それでは社会の発展につながりません。ほんのわずかな、微妙なことでもいいから、新しいことをすべきです。

そのためには、難しいことではなく、まず自分ができる範囲、自分の能力の範囲でシステムを学ぶことです。絵が得意な子は、皆から教えてもらって、絵の技法を学ぶ。音楽が得意な子は、皆から教えてもらってそれを学ぶ。それから、その伝統をちょっと破ってみる。学んでから、破るのです。

たとえば、「桃太郎はこんな話ですよ」と教えてあげたうえで、「でも、変えてもいいのですよ。さあ、やってみなさい」と言えば、いくらでもアイデアを出す能力が湧いてきます。キジではなくヘリコプターを操縦する友達がいて、キジの代わりに、ヘリで空から鬼を攻撃したってかまわないでしょう。

個性が見つけられない理由

しかし、子供たちが学ぶ過程で、せっかくのインスピレーションを壊してしまう例もよく見受けられます。

もともと子供たちは、小さなとき、小学校に上がる前くらいから、自分たちの世界を持っています。それを、教育という名の下に見事に壊してしまうのです。

どの親も、しっかりした教育をしようという動機でＮＨＫの教育番組を見せたり、幼児用の通信教育を受けさせたりします。すると子供たちは、「しまじろう」や「どーもくん」に凝ってしまうのです。それはいいことばかりとも限りません。子供たちが喜ぶのはいいですが、子供たちをパターンにはめ込んでしまう危険もあるからです。どーもくんのぬいぐるみを買ってあげてもいいですが、本当は自分で何かを変えること、たとえば「どーもくんの足を少し伸ばしてみよう！」とか、そうした〝プラスアルファ〟をする工夫がないといけません。

繰り返しになりますが、人間にとっての宝は、自分も社会に何か〝プラスアルファ〟

することと、何かに少しでも貢献することです。私たちがいきなり「アイデンティティ」を探そうとしても、それは成り立たない話なのです。

自分は一つのシステムです。もちろん他の人たちもそれぞれのシステムであって、このシステム同士が組み合わさって社会ができあがっているのです。そして、この個人というシステムは、日々変わっていくものです。ですから、何か固定したアイデンティティというものが、あらかじめあるわけではないのです。

なぜ皆、個性が見つけられないかといえば、おかしなことをやっているからです。「自分という何か変わらないもの」があると思い込んで、それを探すのは滑稽なことです。いくら自分探しをしたって、自分というものは見つかりません。そんなものはないからです。

自分というものはない、ただ行為はある

ただ、「自分というもの」はなくても、行為だけはあるのです。一年でも、二年でも、五年でも、十年でも、ただじーっと考えたところで、考えるだけでは何も結果を生み出せないでしょう。何かを働きかけなければ結果は出ません。だから、行為、アクション

が大切なのです。

アクションは、当然自分のアクションであって、他人のアクションとは違います。ですから、私がやることと、他の誰かがやることは、当然違ってきます。その違っているところが個性になります。

たとえば、同じ先生に同じところで同時に習字を学んだとしても、書く字は同じにはなりません。また、先生とまったく同じに書こうとしてもできません。それよりも、自分だったらこうしてみようと考えたほうが、気が楽です。

もちろん、正確に模写する能力のある人もいるでしょう。それも一つの能力です。ですが、世界中の皆が模写ばかりしていたらどうなるでしょう。世界は終わってしまいます。

ですから、個人が「私は模写をする能力がある」と思っても、それはそれでいいのです。「コピーにかけては私の右に出るものはいない」というのも一つの才能です。中国や台湾には、そうした能力に長《た》けた人たちがたくさんいますね。日本だって、「品質、品質」と言っているものは、コピーを作る能力です。品質管理をしっかり行い安定した製品を作るというのは、結局、いかに正確なコピーを大量に作るかということなのです。

お米作りにしても同じです。毎年毎年、同じ重さで、同じ形で、同じ味で作ることは、相当大変なことだと思います。それは優れた品質管理の賜《たまもの》だとも言えるでしょう。しかしそれだけで世界は動くのでしょうか？

レストランにしても同じことですね。やろうと思えば、毎日毎日違ったメニューを出すこともできるでしょう。でもそれはさせません。たくさん試作品を作って、「よし、これならメニューに載せられる」と思ったら、その後は試作のコピーを作るのです。

世の中、特に日本社会はそうなっています。コカ・コーラを飲んで、マクドナルドのハンバーガーを食べたりするでしょう。これらは全部、作業の手順はおろか、その数値まで決まっていて、人間はそれを機械的に作っているだけです。日本の牛丼屋さんだって同じです。百食作っても百食すべて、まったく同じものを作るのです。

個性とは、アイデンティティとは

アイデアとは、それとは違った事柄です。商売の世界では、アイデアもコピーも両方とも厳しく求められています。ちょっとしたアイデアを出したら、次はそれを大量にコピーしなければいけません。大量生産の方向に向かわなければいけないのです。

ですから、そこを学んでほしいと思います。いきなりアイデンティティを出せ、自分を探せというよりも、まずは、世の中の要求をしっかりと把握することです。

すべては行為で表さなければいけない、結果を出さなくてはいけない。世の中とは、そういうものです。でなければ、アイデアを出そうと思っても出てきやしません。

ですから、世の中の状況を把握して、それから併せて、「世界は日々変わらなくてはいけないものだ」と考える必要があります。奇跡は起こりません。私たちは、与えられたものから何かをつくり出すのです。

わかりやすい例でいえば、レゴというブロックがありますね。子供たち五、六人にレゴを与えると、それぞれ何かを組み立てます。自信がない子供は、隣を見て、同じように組み立てようとするかもしれない。あるいは、組み立て方がまるっきりわからないなら、誰かが「こうすれば風車ができますよ」と教えてあげることもできます。

私たちはレゴの世界に生きています。与えられたのは同じブロックですが、皆が同じものを作っても意味がありません。レゴだけで家があって、庭があって、遊園地もある、そんな作品を作る人もいるでしょう。ただ、それは相当根気がいることです。そうではなくて、別のものを作りたいと思ったら、それはそれでかまわないのです。

では、コピー能力を上げることと、自分の好きなように何かを作ることと、どちらが楽でしょうか？

たとえば、書道を例に考えてみましょう。先生が教えたとおり、寸分違《たが》わず書くほうが楽ですか。それとも自由に、自分の好きなように書くほうが楽ですか。

どちらが楽かは、一概には言えません。たとえば、自分の好きなように書いても、それだけでは書道にならないでしょう。きちんとした作品に仕上げるには、いろいろな字を書いて、書いて、書いて、一生懸命練習して、学ばなければなりません。

そうしているうちに、コピーを作る人間になってしまう場合もあるでしょう。ぴったりと同じものができれば、それはそれで一つの喜びです。あるいは、そこから何かアイデアを加えて、新しいものを作る人もいるでしょう。それが、各々の個性なのです。コピーを作る人になりたければなるしかないのだし、新しいものを作りたいのであればそうした人になればいい。

ただ日本で困っていることは、テキストどおりに正確にやる人はいくらでもいるのに、少し違ったことをしていい結果を生み出す人が少ないことです。ですから、いいアイデアを出して、いい結果を出す人がもっといてほしいという願いがあります。でも、能力もないのに新しいものを作ろうとするから皆、中途半端なものになってしまうのです。

アイデンティティを活かすには

アイデンティティとは、今、お話ししたようなことです。日本で個性、個性といわれているのは、ものを作る世界のこと、普通の日常生活のことです。「アイデンティティ」といっても、精神的なことを厳密に表現しているわけではありません。

一人ひとりが「何だったら自分はリラックスしてできるのか」を探せば、それが自分の世界なのです。何をするときはリラックスするのか、何をするときは疲れないのか、何をやれば面白いのかを考えればいいのです。

たとえば、音楽が好きな若者がいたとしましょう。でも、好きなだけで下手なのです。楽器は弾けませんし、歌もうまく歌えません。それでも、音楽の世界は忘れられません。何とかこの世界に入り込みたいと思っています。

だったら、機材の技術屋さんになったらどうでしょうか？　照明や舞台デザイナーなどでもいいでしょう。それでどこかの音楽グループについてサウンドコントロールをする。歌えない分、よく聞こえるでしょう。そうしたプロになってしまえば、もう音楽の世界に入り込んだことになります。「あなた、もうちょっと声を下げて」とか、「三番目のマイク、こうして」とか、もう音楽の世界にどっぷりと浸かっています。舞台で派手に歌っている人にも個性はありますが、この青年にも立派な個性があるのです。

このような生き方をすれば、簡単だろうと思います。そこを保守主義で考えてしまうと、音楽の道といったら音楽家になることで、そのためには音大に入らなければならなくてと、決まりきったパターンでしか物事が見えなくなってしまう。そうすると、「私には無理だ」という結論になってしまいます。

しかし、大学で工学を勉強した人でも、音楽が好きで好きでたまらないなら、その世界にどっぷり浸かることは可能です。個性・アイデンティティとは、そういうものです。

自我を主張すると、自分というシステムを壊す

ただ私たちは、いつも間違った考えで、いろいろなことに束縛されて、苦労して生きています。それが「自我」のなせるわざです。

今世界は、アメリカの自我のおかげで苦しんでいます。アメリカがちょっと損をすると、世界からお金をむしりとろうとします。アメリカにとって都合が悪ければ、他の国を簡単に見捨てます。アメリカの経済状況が悪くなれば、日本も苦労しなければなりま

せん。それでいて、日本の経済状況がどうなろうと知ったことではない、という態度です。

北朝鮮の自我のおかげで、日本人は精神的な苦痛を与えられています。日本人の自我のおかげで、中国と仲良くすることができなくなっています。

家庭でも同じです。たとえば父親が我を張ると、そのおかげで家族の皆が困るのです。我（自我）を張ると、システムが壊れてうまくいきません。これはそんなに難しいことでしょうか？　教室で子供たちが我（自我）を張ったら、勉強しなくなります。逆に教師が我（自我）を張ったら、教育は成り立ちません。こんなことは毎日の生活で経験していることなのに、それに皆気がつかない。

世界に向かって、民主主義がどうの、自由がこうのと言っているアメリカが、「パレスチナがユネスコに加盟したから、ユネスコには資金を出さない」と言っています。それが常識のある人間のすることでしょうか？　多数決で決まったのなら、それに従うのが当然です。自分の意見が通らなかったから認めないという態度の、どこが民主主義でしょうか？

自分たちは核実験をするけれども、他の国にはその権利がないというのも、何なのでしょうか？　原爆を持つことが危険ならば、すべての国が放棄すべきなのに、自分たちだけは別だという態度は何なのでしょうか?

国際関係がうまくいかないのは、我（自我）を張るからです。「俺の意見が通らないなら、ただではすまさないぞ」という姿勢で、どうしてうまくいくでしょうか?

国がうまくいかないのも、我を張るから、家庭がうまくいかないのも我を張るから、当然、個人がうまくいかないのも我を張るからです。

わがままを言うと、自分が壊れます。わがままを主張すると、まわりが反撃して壊そうとするからです。このように、自我を主張することで、まわりを敵にまわしてしまうのです。

もともと自我はないのに、愚か者は、自我を主張してしまう。そうするとまわりは、こいつを攻撃しなくては、と思ってしまいます。自分が自我を主張することによって、自分が生きている環境が攻撃態勢をとることは、自己破壊でしょう。自我はありませんが、自分というシステムがあるのです。それはいろいろなパターン（法則）が組み合わさって動いています。「我を張る」人は、このシステムを壊すことになるのです。

自動車は使っているうちにボロボロになり、いずれ使えなくなります。だからといって、買ったばかりの自動車を壁や木にぶつけて壊してしまうのは、あまり格好のいいことではないでしょう。自動車を買ったら、燃料を入れて、オイルを補充して、ワックスをかけて、安全に運転するものです。それでもいずれボロボロになります。それは、自動車というシステムが持っているパターンゆえに起きることです。だからといって、ドカーンとぶつけてしまうのは、よいことではありません。

自我を主張するのはこれと同じことだ、と理解してほしいのです。

そもそも自我とは何なのか

自我とはいったい何なのか、そもそも自我はあるのか、この問題を客観的に分析しているのは仏教だけです。

とてもシンプルな話です。人間はかつて一度でも、自我とは何かと調べたことがあったでしょうか？　何に対して自我というのか、自我とは何を意味するのか、仏教以外の世界で、誰が語っているでしょうか？

リンゴといえば何を意味するかわかるでしょう。タマネギといえば何を意味しているかわかるでしょう。タマネギを見て、丸いし色も同じだからといって、ナシと間違う人はいないでしょう。

タマネギといったら、どんなに形が変わってもタマネギだとわかります。タマネギには、茶色のものもあれば、紫のものも真っ赤なものもあります。だからといって、これは紫だからタマネギではないという人はいないでしょう。

それなのに、自我については、わかろうとしません。そこまで我（自我）を張って、ひどい目に遭っていたとしても、それだけは調べようとはしないのです。

しかし、これはとても大きな問題です。

人がなぜ怒るのかといえば、自我のせいです。なんで欲張れるのかといえば、これも自我のせいです。

自我がなければ、欲は成り立ちません。自我の錯覚があるから欲張れるのです。自我がなければ、怒りも成り立ちません。怒りとは、自分が決めたパターンどおりに物事が進まないことから起こるものです。しかし、物事のあらゆるパターンを超えて、自分勝手にパターンを決めつけるなんて、いったい何様のつもりでしょうか？

欲・怒りだけではありません。自我がなければ落ち込みません。ケンカもしません。戦争もしません。自我がなくなれば、保守主義もすべてなくなってしまいます。

今、保守主義と言いましたが、自我意識が入ってくると、必ず保守主義者になってしまいます。変化が嫌になってしまうのです。

普通の人は、自分という確固としたものがあるという前提で、ならばこうしようというアプローチをとります。それでもいくらかのことはできますが、自分という変わらないものがあると思った時点で、大変な制約を受けることになります。「これならやりますよ」ということは、「これはできません」ということでもあるのです。

たとえば、昔なら、「私は女です」と言った途端、木は登れなくなります。そういう決まり事になっているからです。でも、女であることを忘れたらどうでしょう。木登りができるようになるでしょう。「私」という意識が薄くなればなるほど、自由な世界が切り開かれていきます。

未だに世界は制約ばかりです。日本では女性も自由だといっても、少しも自由ではありません。「女性だ」といった途端、これもダメ、あれもダメとなってしまうのです。「社長だ」といったら、同じように制約を受けます。「平社員だ」といったら、別の制約を受けます。これでは、どんなに才能があったとしても、発揮できなくなってしまいます。

自我を探してはいけない

自分というものがないと不安になるのは、自分では挑戦したくないとか、隠れていたいなどと、精神が腰抜けになっているからです。そういう人は自我の錯覚をつくって、そこにひっかかって、しがみついているのです。逆に自分がないということがわかると、自然と力が湧いてきて、すごく自由に生きられるようになります。

ですから、「自我を持て」「自我を確立しろ」という言葉自体が間違いなのです。

たとえていえば、自我とはどっしりと重くて動かない硬い石か岩のようなもの。他方、自我がない生き方は、空気のようなもの。空気になったら、自由自在です。

ですから、自我を探してはいけません。それは、岩になりなさいということだからです。どっしり一カ所にとどまってしまうことになります。

水なら何にでもなれます。噴水にも、プールにも、海にもなれますし、ダムになって発電をすることもできます。では、海の形は何でしょうか？　形なんてないでしょう。その条件によって形が変わるのです。空気の形って何でしょうか？　形はあるようでないものでしょう。

生命とは、実際このようなものです。瞬間、瞬間で変わっていきます。なのに、自分を岩だと思ってしまう。だから、「あなたは勘違いしています」「あなたは岩ではありません」と言わなければならないのです。

自我がなくなれば、どんな変化に対しても平気でいられるようになります。

このように、すべてがダメになっているのは、自我のせいです。自我は、とても恐ろしいガンです。自我意識とは、心の中に生まれたガン細胞なのです。同じ身体の細胞だからといって、ガン細胞を認めるわけにはいきません。ガン細胞は徹底的に破壊しなければなりません。

自我がもたらすよい結果など皆無です。世の中のどんなよい結果も皆、自我を抑えた結果なのです。

無我を知ることで人間の問題はすべて解決する

芸術家も、自分を殺しながら作品を作ります。我（自我）を張ったら終わりです。

日本の文化でも「無になれ」ということが言われます。偉大な書道作品も、無になった結果だといわれるでしょう。無我になってはじめて、本当の能力が発揮できるのです。無になったから人殺しをした、などということはあり得ません。無になった人は、抜群に奇跡的な結果を出すだけです。

無我といったら何かがなくなるのでしょうか？　何もなくなりません。なぜなら、最初から無我だからです。

「この机は金ではありません」と言ったら、損をしますか？　最初から金ではなかったのだから、一円も損はしないでしょう。これがもし、金だったのに金でなくなったら、大損するでしょう。

同じように、もし「自我があったのに、お釈迦様の言葉を聞いたら自我がなくなった」ということならば、損をしたと言えるかもしれません。しかし、最初からなかったので、「ない」と言っているだけなのです。

それがお釈迦様の答えです。そんなにややこしい話ではありません。よく、「お釈迦様はあれもこれも否定する」と言われますが、何も否定はしていないのです。

無我を知ることで、人間の問題はすべて解決します。無我が理解できるということは、智慧がある証拠であって、理性を備えて自由に物事を考えられ、いくらでも新しい発想ができるということです。

ですから、答えは「無我」にあります。個性だとか何だとかいって求めていることも、無我によって達成できるのです。

なぜ新しいアイデアが出てこないのか――それは、自我があるからです。自我があるという錯覚に陥っているから、皆ワンパターンで、決められたとおり、教えられたとおりのことをする保守主義者になってしまうのです。つまり、自我＝保守主義です。なぜなら、自我というものは「変わらない」「定まっている」「決まっている」という意味だからです。

無我というのは、その反対です。進歩主義です。なぜなら「定まったものなんてないんだよ」ということだからです。

だからこそ私たちは、無我を学ばなければならないのです。

第1章……「無我」の理解を困難にするもの

「自我」は宗教家がつくりだした概念

すべての問題のトラブルの種は自我を張ることであると序章で説明しました。だからこそ、自我とは何か、自我を張るとは何か、自我があるのかなどなどの問題を本格的に考察しなくてはいけないのです。

昔の人々は畑を耕したり、狩りや漁をしたり、品物を作ったり、戦争をしたりして、日々忙しかったので、自我があるとか、ないとかいった問題を考える暇などなかったし、そんな知識は日常生活に必要ありません。自我があってもなくても、畑や田んぼを耕すことはできるのです。

しかし、宗教家は違います。世界にあるどんな宗教も「自我がある」と説きます。宗教家は畑を耕すことも、品物を作ることもやめて、神はいるのかいないのか、魂はあるのか否か、死後どうなるのか等々を考えはじめました。俗世間の人々に興味のない、理解もできない事柄を考えるから、宗教家はなんとなく尊敬される存在になってしまったのです。

「死ぬのは怖い」というのは、皆の気持ちです。死は宗教家の管轄なので、身内の誰かが死んだら、親戚が宗教家のアドバイスを受けます。

また、真剣に真面目に頑張っても、人生はスムーズに進まないものですから、畑を耕しても、雨が降らなかったら、洪水になったら、収穫はゼロになります。これでは困ります。そこでまた宗教家が、「神の思し召《おぼめ》し」などのわけのわからない概念を使用して、慰めようとする。そうやって、徐々に宗教組織が社会に必要なものになり変わっていきました。

誰でも死にたくはないし、死ぬのは怖いのですが、皆死にます。人間の死に対する恐怖感は、宗教家が生存するためには、この上なく好都合です。安定した死後について語れば、文句なしにマーケットも確立します。

この状況下で開発された商品が「自我」です。その自我が、死で壊れたら困ります。だから、人が死んでも自我が壊れないと説きはじめたのです。死後、自我が永遠に幸福になる道、また永遠に不幸になる道、という二つを考えて売りに出したのです。死ぬのは怖い、不幸になるのは怖い、と思っている人々は、宗教家のお世話にならなくてはいけなくなります。

自我という概念をつくったおかげで、宗教という組織は昔から今に至るまで、自らの存在を安定させてきました。つまり「自我」とは宗教家が考え出した概念であって、日常生活に追われている一般人の管轄ではないということです。

様々な自我論の登場

世の中にはたくさんの宗教があります。各宗教が語る自我の姿も様々です。人間が物事を考えはじめたときから、「自我がある、自我がある」と言われてきたので、人間なら誰でも前提として自我があると思われるようになってしまいました。「自我があるのか?」と疑うことはほとんどありませんでした。ほとんどの宗教は、「自我がある」というだけで、その話は終わりです。

しかしインド文化では、たくさんの種類の宗教が現れ、その宗教家たちは前提として「自我がある」と盲信するだけでなく、「自我について」も考えはじめたのです。

インド文化の最初の頃は、自我は完全な人間の形をとっている親指ぐらいの大きさのものだ、と考えられたこともありました。やがて反対に自我は宇宙のように無限なものである、有限なものである、自我は死後も長生きするがやがて壊れるものだ、絶対壊れないものだ、などの複数の自我論が現れたのです。

このように様々な思想体系ができあがりました。自我にも専門用語があります。それが「アートマン」です。

「我」と「アートマン（魂）」

ここで、「アートマン（ātman）」というサンスクリット語（古代インドの言葉）を使いました。「自分だと言えるもの」「自分を自分たらしめているもの」＝「我」がアートマンです。

アートマンという言葉を紹介するのには理由があります。このアートマンについて深く考察したのは、インドだけでした。

「人間を人間たらしめている根源的なもの」「人間にとっての芯のようなもの」――それがアートマンです。アートマンとは「魂」を意味しています。つまり「人間の根源的なものは魂だ」ということです。

魂という言葉はもちろん、インドだけのものではありません。それこそいろいろな国で使われています。しかし、どこもいい加減に使っているだけで、魂について研究しつくしたところはないでしょう。魂に関する思想が発展しているのがインドだけなのは明らかです。

中国には素晴らしい歴史があって、哲学もしっかりとありますが、魂については何も知らないといってよいでしょう。中国の思想では、すべては「気」という物質的な存在とされます。万物を形成するのは、変化しつつ自己運動する「気」であり、万物の多様性や変化は、この「気」の働きによってもたらされると考えられてきたからです。

アラビア文化・ユダヤ文化・西欧文化でも魂について語りますが、魂に関するまっとうな思考は存在しません。

ですから、魂について、人間の根源的なものについて、人間にとっての芯のような何かについて語ろうとするならば、アートマンという言葉を使うしかないのです。

「命たる本質」を理解しているか？

英語ならsoul、spirit、サンスクリット語ならprāṇa《プラーナ》、ātman《アートマン》、日本語だったら我、魂、霊魂といった言葉で表そうとした何かがあります。その、「何か」とは何でしょうか？

それは、死で終わらない、死後も続く、永遠で不滅な、何らかの「実体」があるという思考、あるいは信仰です。

アートマン・魂といわれるものは、かなり頑丈で、死んでも壊れないとされます。永遠に続くものです。

そして、これは何かの「実体」とみなされます。この何らかの実体、アートマンや魂といった「もの」が、私たちの身体の中で生きているということです。

よく「命がある」と言いますが、「命たる本質」はアートマン・魂とされるのです。

そう言うと、皆わかったような顔をしますね。さっぱりわからないはずなのに、わかったような顔をする。でも、本当にわかっていますか？　そんなものがあるのか、ないのかと、真面目に疑って考えたことはあるのでしょうか？　昔から受け継いでいる盲信になんか洗脳されてないという自信はありますか？

魂についての奇妙な考え方

宗教には、魂・霊魂についての面白い考え方があります。

一つは、「魂は人間にしかない」という考え方、もう一つは、「すべての生命に魂はある」という考え方です。

人気があるのは前者の、「魂は人間にしかない」という考え方です。なにしろ、魂があるというのは、人間にだけ与えられた特権です。特権ですから皆、随分と舞い上がってしまいます。「魂は人間だけにある。動物には魂はない」という教えなので、動物は殺してもかまいません。それどころか、殺さず生きたまま食べてしまってもかまわないのです。高級料理に「○○の躍り食い」とかがあるでしょう。こうした残酷な食べ方をしたってかまわない。なにしろ、動物には魂がないですから。

これが「動物にも魂がある」という話になると、なんだか嫌な気分になります。「ゴキブリにだって魂があるんだ」などと言われようものなら、もう聞きたくもないでしょう。

このように、人間の性格はよくできています。「自分だけは偉いんだ」と思うと、それだけで気分がよくなってしまう。だから、「人間だけに魂がある」という話からさらに進んで、「あなたには特別な魂がある」という話が出てくると、もっともっと聞きたいと思ってしまう。「あなたには一般人にはない特別な魂がある」などとでも言われたら、この上なくありがたく思ってしまうはずです。

魂とは、実在すると信じられているもの

魂・霊魂が持つ第一の特色は、「魂とは、実在すると信じるもの」ということです。

魂とは、信じるもので、その存在を実証したり実験したりするものではありません。また、調べたり、勉強したりするものでもないのです。魂の存在を信じるのか、信じないのかだけが問題で、「信じます」と言ってしまえば、それで終わりです。

私は、お釈迦様の教え・思考を理解し納得してもらおうと何年間も頑張っていますが、そんな努力は必要ありません。

魂と神の関係は後ほどお話ししますが、宗教もまた同じです。「汝《なんじ》は神を信じますか？」というだけです。「信じません」「それは困りました。神を信じないと地獄に堕《お》ちますよ」「ああ、そうですか、では信じます」というだけのことです。そこから先は、洗礼を受けたり、いろいろな儀式・儀礼をしたりするだけ。面倒な思考をする必要はありません。

魂もまた、同じように「ある」と信じればよいし、逆に信じる以上のことはできません。

魂とは、その存在を証明できないもの

魂の二番目の特色は、「魂の存在を証明できない」ということです。

魂は、人間の身体の中にある、一番大切なもののはずです。しかし、それがどこにあるかわからない。それどころか、「ある」ということさえ、証明できない。誰一人として、「魂がある」と証明できた人はいないのです。

それでも皆、魂の存在を徹底的に信じています。「魂はない」などと言ったら大変です。「何を言っているのか。魂はあるに決まっているじゃないか」と責め立てられます。

このように頭から「魂」を信じ込んで、「あるに決まっている」という人といかに話をすればよいのでしょうか？　彼らは昔からの盲信によって洗脳されています。「かくかくしかじかで魂はある」と言うのならば、調べることも、話し合うこともできるでしょう。しかし、「あるに決まっている」と言われたら、話し合う方法すらないのです。「とにかく信じなさい」と言われて、人権が侵害されているように思うのは私だけでしょうか？

魂論は神と同じ構図

魂論の特色は、①信じるもので、②証明できないものだ、ということにありますが、これは「神」という概念とまったく同じです。

神も「信じるもの」であって、本当に神がいるのかどうかを調べようとすること自体が神への冒涜になります。また、「神がいる」ことを証明するのは不可能です。

もちろん世の中には、神の存在を証明した気になっている人もいます。先日あるサイトを見ていたら、本人はものの見事に証明したつもりで、こんなことを書いていました。素晴らしく美しい自然を撮った写真や絵画をいくつか並べ、「こんな素晴らしいものが私たちにふんだんに与えられているのは神のおかげ以外なく、これこそが神が存在する証拠だ」と。

こんなことは、屁理屈もいいところです。確かにとても美しい自然があることは認めますが、それが「神によって与えられた」と、どうやったら証明できるのでしょうか？

逆に、「自然は神が与えてくれたもの」と言うのならば、地震や津波はどうでしょうか？　これらも「神が与えたもうた自然」の一部ではないですか。「素晴らしいものがあるから神はいる」とは、都合のよいものだけを証拠にして、都合の悪い証拠はなかったことにする論理です。

魂は神の〝支店〟

魂と神は、いつも同じスタンスです。ヨーロッパでは理論が発達していませんから、魂と神の関係は整理されておらず、非常にわかりにくくなっています。一方、理論が発達したインドでは、魂＝神という関係が明確です。

簡単に言えば、魂にも本社があって、この本社が絶対的な神（ブラフマン）です。この神がいろいろなところで、小さな小さな魂の〝支店〟を開いています。それが、私たち一人ひとり、個人の魂（アートマン）だということです。

先ほど、魂に関する二つの考え方を紹介しましたが、ヒンドゥー教も最初は、魂があるのは人間だけでした。紀元前三〇〇〇年～八〇〇〇年ぐらいまでは動物に魂はありませんでした。それから後の時代に出てくるテキストには動物にも魂があることになって、もう少し時代を経ると植物にも魂があることになります。神様も商売繁盛して、どんどん支店を広げるのです。面白いですね。

もっともこれは信仰対象ですから、「面白い」などと言ってはいけませんね。「植物にも魂がある」と言ったら「はい、わかりました」、「植物に魂はない」と言ったらやはり、

「そうですか、わかりました」という以外にないのです。

正常な人には証明できない魂の存在

魂の存在は証明できないと先ほどお話ししましたが、神秘体験、自己暗示、マインドコントロールなどによって、魂の存在を証明したという人はいます。

確かに、魂を「体験した」人もいます。ヨーガなどをやっていて、突然ドカーンと魂や神様が降りてきたと言い張る人がいることも事実です。

しかし、それは本人がそう思っているだけの話で、正常な人には理解できません。

西洋では、マインドコントロールという手段がよく使われます。「見てください、聖霊が降りてきています」と泣き叫べば皆、興奮して身体が震えて、いかれたように踊ったり身体をグニャグニャさせたりして、もう大変です。そのとき・その場では皆、聖霊を「感じて」います。しかし、こうしたヒステリックな症状でもない限り、聖霊の存在を「感じる」ことはできないのです。

魂信仰の長い長い歴史

「正常な人には理解できない」にもかかわらず、魂信仰の歴史はとても長いものです。人間がまだ狩りをして生活していた時代から、言い換えれば、人間が自分の存在に気づいたときから、人々は魂を信仰してきました。

動物が、どれだけ自分という存在に気づいているのかはわかりません。獲物を見たら追いかけていくだけ、家で飼っているネコにしても何か動くものを見たら面白がって飛んでいくだけで、何もなかったらゴロゴロと寝ているだけで、気楽なものです。

しかし人間は、自分という存在に気づくのです。そして、「私がいるんだ」と気づくと、そこから「私とは何なのか」を考えはじめます。

ヒンドゥー教の古いテキストを見ると、自分という存在に気づくことから、膨大な、しかしわけのわからない、すごい哲学ができあがっていく過程が読み取れます。

魂に関する考察を一気に深めたのは、ウパニシャッドといわれる文献に関わる人々です。彼らは普通のバラモン人のように現世利益を追求したり、祈祷したりといったことは一切せずに、質素な生活を送りながら、真剣に哲学的なことを考えていました。ほとんどが頭の中のことですが、彼らは「魂を知る方法はないのか」と真剣に考え、魂とはこういうものではないかと語りました。その中身はとても高度な、哲学的なものでした。

ウパニシャッドとは、「近くに座る」(upa-ni-sad)というサンスクリット語を起源としており、師弟が対座して師から弟子に伝達される「秘儀」を指すようになり、さらにその秘儀を収録した文献を指すようになったといわれています。このように彼らの教えは、先生と同居をして世間から身を隠してコソコソと教えてもらうものでした。

彼らは、自分たちが考えたことを、一般人には教えませんでした。一般の人々にとっては、祈祷してもらえれば充分で、聞いても理解できない内容だったからです。

彼らの考えは、ウパニシャッドというきちんとしたテキストとしても数多く遺されています。それは、お釈迦様が現れる少し前から成立しはじめました。ウパニシャッドのうち、「ブリハッド・アーラニヤカ・ウパニシャッド(Bṛhad-āraṇyaka-upaniṣad)」や「チャーンドーギャ・ウパニシャッド(Chāndogya-upaniṣad)」、「タイッティリーヤ・ウパニシャッド」(Taittirīya-upaniṣad)などはお釈迦様以前に書かれたといわれています。残りのテキストはほとんど、パーリ経典が成立した後でつくられたものです。

後に書かれたものはよく整理整頓されていてわかりやすいのですが、初期のウパニシャッドはまだまだ内容もバラバラで、はっきりとした形にはなっていません。

ともあれ魂信仰には、このようにとても長い歴史があるのです。

「あるだろう」から「あるはずだ」へ

では、どのようにしてアートマン（魂）は現れたのでしょうか？

「自分がいる」という実感について考察すると、「何かがある」という気持ちが生まれます。「自分がいる」という大雑把な気持ちから、「自分がいるなら、いると言える何かがあるだろう」「自分というものには何かがあるだろう」という疑問が出てくるのです。

それは思考を重ねるうちに、「なかったらおかしい」「あるはずだ」に変化していきます。「あるだろう」が、いつの間にか「あるはずだ」にすり替わるのです。

この「あるはずだ」は、思考の中でできあがったものなので、立証や証明はできません。だからこそ、「信じなさい」ということになるのです。魂が立証不能で信じるしかない理由もここにあります。

「あるはずだ」という言葉は、私たちもよく使います。

たとえば、「お金があるはず」なのに、通帳を見たらお金がない。もちろん誰かに持っていかれたのではありません。もともとなかったのに、「あるはずだ」と思い込んでしまったのです。こうした思い込みは、往々にして起こるものです。

当然ながら、「あるはずだ」と「ある」は、イコールではありません。

それでも「魂はある」という前提で世界はできている

それにもかかわらず、人類の文明も文化も、「魂」という概念を前提に発展してきました。文学にしても、すべてが「魂がある」という前提でできています。小説にしろ、ドラマにしろ、魂を疑いの目で見た作品はありません。

たとえばシェイクスピアの作品にしても、魂があるという前提でできています。日本の昔話にしても魂があるということで話ができあがっているのです。

ですから、私たちは「魂がない」という前提で何かを考えることはできません。SF映画にしても、同じです。悪魔《サタン》の魂があって、神の魂があって、そこで何かが起こる。そこにはしっかりと永遠不滅の魂という概念が入っているのです。

この「魂はある」という思い込みは強烈です。

インドには、サンスクリット語で「Lokāyata《ローカーヤタ》 vāda《ワーダ》」という、唯物論のとても優れた哲学学派がいました。彼らは、徹底的に攻撃されたため、テキストとしては一冊だけ、ジャヤラーシ（Jayarāśi）という人による『Tattvopaplavasiṃha《タットゥヴォーパプラヴァスィンハ》』というたいして古くないもの（紀元八〇〇年頃）が遺っているだけです。しかし、お釈迦様の時代から、唯物論を語る人々はいました。

お釈迦様と同世代のアジタ・ケーサカンバラ（Ajita Kesakambala）さんは、生命は「地」「水」「火」「風」という四つの物質元素と、「感覚器官」でできていると考え、人間は死ぬとすべてが無になると考えました。その詳細は略しますが、いわば「魂はない」という話です。

しかし周囲からは、「魂はあるに決まっている」と激しく攻撃されます。そこで唯物論者たちがとった態度は、一種の妥協でした。「魂はある、ただし、魂は物質だ」と主張したのです。

ところが、「魂が物質であるはずがない」とまた激しく攻撃されます。そこでまた妥協をします。「感覚器官が、考えたり見たり聞いたりする。それが魂だ」と。「だから、死んでしまえば魂は空に飛んでいく。遺体を焼けばボーッと出ていってしまうのだ」というのがアジタ・ケーサカンバラさんの主張でした。アジタ・ケーサカンバラさんは厳密な唯物論の哲学者で、「魂は不滅である」という説は否定しましたが、それでも「魂はない」とまでは言えなかったのです。

こうして唯物論者たちは、何とか自分の立場を守ろうとしました。しかし、唯物論者でさえ「魂はない」とは言えないのは、なんと恐ろしい状況でしょう。

このように、宗教・哲学・文学・民話などのすべてが、魂＝「我」があるという立場で語られてきました。私たちは数千年の間、「魂はある」という思い込みの世界で生きてきて、進化してきたのです。

ですから、私たちの頭の中や遺伝子は、お釈迦様が語られる「無我」を理解できるようにはなっていないのです。一般常識的な立場では、無我を理解することはできません。「私たちには無我を理解できるだけの知識能力がない」ということです。

第2章……「無我」が理解できない理由——仏教的な見解

現象は「生―滅」の流れ

では、無我を理解できない理由を論理的に見ていきましょう。これから説明するのは「知る」ということ、「認識する」ということに関する仏教的な見方です。

現象はすべて固定したものではなく、ある振動、生と滅、生と滅という波のようなものです。現れる、消える、現れる、消える。それはとても激しい流れです。

生―滅という意味では、交流電気も同じです。現れては消えることで、電流という流れが生まれるのです。物質の生―滅の話は、それほど難しくはないでしょう。

生―滅という言葉がわかりにくければ、有―無でもかまいません。有―無という言葉は必ずしも適切ではありませんが、パーリ語でも「atthi《アッティ》」＝有、「natthi《ナッティ》」＝無という言葉は使います。

感覚器官も「生―滅」の流れでできている

たとえば、耳というものを考えてみましょう。

耳というのは、音を感じる感覚器官です。別に、人間の耳のようなものでなくても、身体のどこかで音を感じる、その場所を耳と呼んでいいでしょう。たとえば、人間には耳たぶがありますが、ヘビに耳たぶはありません。しかし、ヘビにも音を感じる感覚器官があります。カエルも音を感じますが、人間の耳のようなものはありません。カエルの場合は、目の後ろに薄い膜があるだけです。それを触ると、目がぎゅっと中に引っ込みます。相当痛いのかもしれません。

この「音を感じる器官」である耳も、生―滅あるいは有―無の流れで成り立っています。耳というものを固定的に考えてはいけません。身体というものは、分子からできていて、分子は原子からできていて、最終的には素粒子に辿り着きます。この素粒子のレベルで考えなければいけないのです。素粒子はとどまることがありません。ですから、人間の身体も、現れては消える、現れては消えるといった感じで、ずっと振動しているのです。

耳が「有」で、音も「有」のときに、音の感覚が生まれる

音もまた、生―滅（有―無）の流れです。耳も、生―滅（有―無）の流れです。耳が

「有」で、音も「有」のとき、この二つがぶつかると、反応が起こります。その反応が、「聞こえた」ということです。「感覚が生まれた」といってもよいでしょう。

感覚器官には、眼・耳・鼻・舌・身・意という六つ（六根）があります。

認識対象にも、色・声・香・味・触・法という六つ（六境）があります。

そして、この六根が六境に触れることで、視覚、聴覚といった感覚、認識（六識＝眼識・耳識・鼻識・舌識・身識・意識）が生まれます。

感覚、認識というものは、知るという機能ですから、心（nāma 名《ナーマ》）に分類されます。物質の生—滅は比較的ゆっくりとしたものですが、心の生—滅は恐ろしいほどの速さで変化していきます。

現象の四分の一しか認識できない

しかし耳が「無」のとき、あるいは耳が「有」でも音が「無」のとき、聴覚は起きません。

これを図式化すると、感覚器官が「有」のとき、対象も「有」なら、認識が生まれます。しかし、感覚器官が「有」でも、対象が「無」ならば、認識は生まれません。同じように、感覚器官が「無」ならば、対象が「有」であっても、認識は生まれません。また、感覚器官が「無」で、対象も「無」ならば、認識は生まれないのです。

このように、感覚器官の「有―無」と認識対象の「有―無」の組み合わせは、四パターンありますが、人間が認識できるのは、そのうちの一パターンだけです。

このように、私たちは、現象の四分の一しか認識していません。ですから私たちは、現象を「ありのまま」に認識しているわけではないのです。

すべては「ある」という立場からの知識

私たちは、感覚器官も認識対象も両方とも「有」のときにしか認識できません。見えるものがあるときに見える、音があるときに聞こえる、触れるものがあるときに触れたと感じるでしょう。このように、認識したものはすべて「有」の状態です。そして、こうした認識が積み重なったものが、私たちの知識です。

ですから、私たちの知識は、すべて「ある（有る）」という世界の知識なのです。

人間は、太古の昔から長い長い年月、物事を認識し、知識を積み重ねてきましたが、認識できるのは「ある」ものだけです。

よく、お金があるとか、国があるとか、歴史があるとか、過去があるとか、私たちの祖先にあたる猿がいたとかと言うでしょう。「ある」と「あった」は同じことです。人間の認識なり知識は「ある」世界に限られるのです。それは決して、無常の知識ではありません。

物事が変化することは誰でも知っています。水を電気ポットに入れてコンセントに差せば沸騰するように、物事が変化するのは当たり前のことで、どこにでもあることですが、それを生—滅（有—無）の流れとして認識することができないのです。

「ない」も「ある」の引き算

たとえば、財布の中に一万円札が一枚もなかったとします。そうすると、一万円札が「ない（無い）」ことは認識できるではないか、と思う人もいるでしょう。

しかしそれは、昨日まで「あった」一万円札が「なくなった」からわかることです。あるいは、本来お金が「あるはず」の、財布という入れ物の中に「なかった」からわかることでしょう。

このように、「ある」ということが、推測を助けてくれています。言い換えれば、「ある」ことからの引き算で「ない」ことを推測しているだけで、「ない」こと自体を認識することはできないのです。

たとえば、ビー玉を手のひらに載せたとします。ビー玉は、手のひらに触れていますから、あるとわかります。それを放り投げると、何の認識も起こりません。目をつぶってビー玉をポンポンと手のひらで弾ませたとしましょう。ビー玉が空中にあるときは、何もわかりません。落ちてくるとわかります。また跳ね上がるとわからなくなりますし、落ちてくればわかります。このように、「ある」ときにだけわかるのです。

「私がいる」という実感

では、「私」というものについても見てみましょう。

先ほどお話ししたように、感覚器官は、生―滅の流れです。認識対象も、生―滅の流れです。この、感覚器官と認識対象の両方ともが「有」のとき、二つの流れがぶつかって、認識が生まれます。

そして認識が生まれるとき、同時に、認識している「自分」というものを感じるのです。ですから、何かを見るたびに、自分がいる、自分がいるという感覚が生まれます。

何かの音を聞くたびに、自分がいる、自分がいるという感覚が起こるのです。

ここが落とし穴です。

「感覚がある」ということでしかないのに、思考を働かせて、「感覚があるから〝自分〟がいる」という、正解にならない結論に達してしまう。

私には見える、私には聞こえる、そこから「私がいる」と結論づける。しかし、これは正解ではありません。

かといって、とんでもない嘘かというと、そうでもないのです。

現象の有―無の組み合わせで言えば、四つのパターンのうちの一つ、有と有の場合だけは知っているからです。ただ、残り四分の三は知りません。このように、知っている一部のことだけで出した結論ですから、正解ではないのです。

にもかかわらず「無」を知らない私たちは、「自分がいる」という確固たる自信を持っているのです。

貪瞋痴の感情が「自我」「霊魂」「魂」という錯覚をつくる

「私がいる」「自分がいる」という実感を持ってしまうのは、ごく普通のことなので何も目くじらを立てるほどのことではありません。「それは正解ではないですよ」「ちょっと惜しかったですね」という程度です。

問題は、私たちが貪瞋痴《とんじんち》の感情を練り合わせて、「自我」「霊魂」「魂」といった錯覚をつくることです。

私たちには、欲があり、怒りがあり、無智があります。

貪とは、果てしなく貪る心、すなわち欲です。

瞋とは、怒りの心です。

痴とは、真理に対する無智です。

「自分がいる」という実感をその貪瞋痴で練り合わせるのです。

たとえば「自分がいる」という実感があって、大変に欲があって、自分の命に猛烈に執着していると、「私は死にたくない、何か死なない方法はないのか」「不老長寿になる方法はないのか」と考えるようになります。

中国人は、不老長寿の秘薬という名の毒をつくって、かえって早死にしたりしていました。他の人々はそこまでは頑張りません。どうせなら毒でも調合して飲めばいいのに、やろうともしません。その代わりに頭で考えて、言葉で誤魔化そうとするのです。

曰く、「肉体が壊れても気にする必要はありません。霊魂があるのですから」。

「霊魂は死にません。本当のあなたは、この霊魂です」などと言われようものなら、欲に駆られている人にとってそれは朗報、まさに福音《ふくいん》です。

この「魂」という錯覚は、人間に感情があるから生まれるのです。

動物にも「自分」という意識はあります。なぜなら、見たり聞いたりといった感覚があり、感受することによって「自分」という意識が生まれるからです。ネコだって名前を呼べば「自分」が呼ばれたと思って寄ってきてじゃれついたりするでしょう。

しかし、思考するだけの貪瞋痴が動物にはありません。ですから、「これが自分だと言える何らかの実体がある」「魂がある」「絶対死なない何かがある」といったことは考えません。ところが人間は、貪瞋痴の感情が強ければ強いほど、魂について無茶苦茶に考えたり概念をつくったりするものです。

これはちょっとした運転ミスです。カーブのところでハンドルを曲げず、逆にアクセルペダルを踏んでしまった。それでドッカーンとぶつかってしまうようなものです。

「私がいる」という実感があるのは仕方がないことでしょう。「有」だけの話で正解ではありませんが、「仕方がない、あなたにわかる範囲はこの程度のことでしょう」といった程度の話です。しかし、そこに貪瞋痴が絡んでくると、「これが自分だと言える何らかの実体がある」「魂がある」「絶対死なない何かがある」というふうに発展してしまいます。

そこから「我論」「天国と地獄」「永遠の命」などへ膨らます

そこからさらに妄想して、魂に関する理論をつくったり、天国や地獄があるといった物語をつくったり、永遠の命といった話をつくったりします。しかし、宗教とはすべて「おとぎ話」です。

日本でも、愛犬の魂がおじいさんに富をもたらし、枯れ木に花を咲かせる「花咲かじいさん」などの昔話がありますね。これらの昔話は日本では宗教にはなっていませんが、同じような物語が他の文化では宗教の聖典になっていたりします。

たとえば、ヒンドゥー教の聖典などは明らかに「おとぎ話」「神話」の集まりです。ヒンドゥー教徒が大切にしている聖典の一つに『マハーバーラタ』という物語があります。作者は聖仙ヴィヤーサとされていますが、実際は吟遊詩人たちに語り継がれるうちに次第にできあがった叙事詩、つまり文学作品です。それは十八巻にも及ぶとんでもなく厚く、はじめから読むと極限に面白くない物語です。『コーラン』か『マハーバーラタ』、どちらか選んで読めと言われれば、私は『マハーバーラタ』を取りますけれども、それでも読むときは相当苦しいです。

この『マハーバーラタ』第六巻の二十五章から四十二章までの七〇〇偈《げ》を抜き出したものは、「バガヴァッド・ギーター」と名付けられ、別の聖典として崇《あが》められました。これが今では、ヒンドゥー教で最も重要な聖典の一つとされています。

聖典といっても、親族間の大戦争が起き、臆病な王アルジュナが敵側に親族がいることを見て戦意を喪失すると、戦車の御者に変身したクリシュナという神が「戦え」「殺せ」と教えたという話です。この部分を取り上げて「バガヴァッド・ギーター」（神の言葉）と呼んでいますが、読んでみれば何のこともない、ただの物語です。

このように、どんな宗教でも、聖典として使っているのは、いろいろなおとぎ話です。その点、仏教の聖典は、お釈迦様が実際に語られたことをきちんと編集した、しっかりとした聖典ですから、かえってつまらないと学者から攻撃されたりするのです。

ともあれ人間は、「自分がいる」という実感を貪瞋痴で練り合わせて「自我」をつくったうえで、様々な物語をつくり出すのです。

たとえばブラフマン（梵天）という神が創ったのはインド人だけです。他の国々の人間を創ったとは書かれていません。カースト（身分制度）は四つありますね。このカーストもインド人だけに適用されるものです。皆さんはブラーフマナ（司祭）には入らないし、クシャトリヤ（王族）にも入らないし、ヴァイシャ（商人）にもシュードラ（農民・手工業者などの生産者）にも入りません。神は四つのカーストをつくり、人はそのいずれかに属することになっていますが、人というのはインド人だけを指しています。ですから、人間の本体ともいえる魂があるのはインド人だけということになるのです。

ところが、イスラエルに行くと、魂があるのはユダヤ人だけになってしまいます。「神が特別に自分の民を創る」「私たちは神が特別に創った民だ」とは、魂論のうえに立った、たいそうな自我だといえるでしょう。実に傲慢なものです。

「あの連中よりも私たちは優れている」「私たちは特権を持っているのだ」というようなエピソードには、差別感情や排他的思考など、いろいろなものが入っています。それも皆人間がつくり出した物語にすぎないのであって、科学的な事実や根拠はないのです。

生きていたいという欲と、死にたくはないという怒り

では、なぜ科学的な事実や根拠もない作り話が、人々の心を掴むのでしょうか？

私たちには、「生きていたい」という欲があります。「死にたくない」という怒りがあります。「死にたくない」という気持ちは、欲ではなく怒りです（受け入れたくない、避け

たい、という気持ちが生まれる対象に対して起こる感情は怒りです。死という概念も自分に対しては、受け入れたくはないのです。避けたいのです。会話の中にも挟みたくない言葉なのです。ですから、死にたくないとは、怒りの感情です）。私たちには、こうした欲と怒りがあるので、私たちは存在してもいない「魂」に、「自我がある」という錯覚に、極限までしがみついてしまうのです。

それは、マンガに出てくる「ドラゴンボール」を探す旅に似ています。ドラゴンボールなんてあるわけないでしょう。そんなことは子供だって知っています。しかし子供たちはストーリーが楽しいので、ドラゴンボールという概念にしがみつきます。そこでいろんな連中が、たくさんのグッズを作って売ってお金を儲ける。子供たちもカードやいろいろなものを買います。それも興奮して買うのです。

私たちもドラゴンボールにしがみつく子供たちと同じようなことをしています。ありもしない自我にしがみつくのです。しかし自我とは、ドラゴンボールと同じように錯覚です。そんなもの、一度たりとも証明されたことはないのです。

第3章……「無我」という真理の発見

答えが見つからないのは方法が間違っているから

そこでお釈迦様は新しいアプローチをしてみます。

お釈迦様はこの問題に対して、人間の決まりきった思考パターンでアプローチすることはしませんでした。

理由は簡単です。皆必死で我・アートマンを探し求めて、観察や思考、修行、実験などを様々に試みましたが、誰も答えが見つからなかったからです。

インドでは様々な人が、あらゆる方法を駆使して、魂を探していました。

苦行に励む人たちは、肉体が贅沢で汚れると魂も汚れると考えて、肉体を徹底的に苛《いじ》めました。断食や断水をして食事や水分をとらない、息を止める、眠らない、立ったまま動かない、踵を地につけたまましゃがみ続ける、高い木の枝に足を縛りつけ頭を下にして逆さ吊りになる……。こうした苦行によって、清浄な魂と出会えるはずだと考えたのです。

古代バラモン教の一部の人たちは、逆に贅沢に溺れました。肉体と魂は一体のものだと考えた彼らは、肉体に贅沢三昧をさせれば、魂も至福に至るはずだと考えたのです。

その他にも、神におねだりをする、徹夜してヴェーダ経典をあげる、マントラの正しい発音を練習するなど、苦労して苦労してアートマンを探していました。

しかし、それでも、アートマンを見つけることはできなかったのです。

お釈迦様の立場は、明解です。「見つかっていないということは、方法が間違っているということだ」と。

二十年間も苦行をして、それでもアートマンが見つけられないのであれば、苦行という方法が間違っているということです。お釈迦様の考えは、とてもシンプルです。

誰も本当のことはわからない

誰も答えが見つかりませんから、互い違いの意見ばかりが増えていきます。

苦行する人が、魂とはこういうものだと言えば、苦行を否定する人は、いいえ、魂はこういうものだと、別のことを言うのです。このような魂論は当時、四十六もありました。ジャイナ教の聖典を読むと、もっと多くあったようですが、仏教をまねて数を増やした可能性があります。

ともあれ、魂は小さいという人もいれば、大きいという人もいて、さらには、魂には色があるという人もいる状態でした。

徹底した運命論を説くアージーヴィカ教では、魂には七つの色があるといいます。それは、虹のように七つが連続したものではなく、青い魂は青いだけ、赤い魂は赤いだけです。人には性格というものがありますね。アージーヴィカのテキストは存在せず、仏典の中で引用されているだけなので、具体的なことは言いにくいのですが、たとえば青い魂の人はとても暗い性格だとしましょう。ある人はいつも暗く、いつも下を向いていて、笑わないし、だからといってケンカすることもなく、引きこもってボケッとしていたとします。そうすると、「あの人の魂は青いから、性格が暗いのだ」と言います。このように、性格があることが、魂がある証拠だと言うのです。

そうすると、別の宗教から、魂には色はないと批判されます。「魂は、好き勝手に色を染められる生地のようなものではない」と。この批判は、ある意味で当たっています。アージーヴィカ教では、純粋な魂には色がないか白だからです。そして、アージーヴィカ教の人たちは、こう主張するのです。「自分たちの魂は、白だ」と。これは、ユダヤ教の考え方と同じです。結局は、自分たちの魂は素晴らしいのだと言うためにつくった話なのです。

このように、魂についていろいろな意見があるのは、結局、魂について本当のことは誰にもわからないということです。つまり、既成の思考方法は正しくないのです。

「我」ではなく「無我」

そこで、お釈迦様は、「自分がいるという実感」はどのように起こるのかを調べました。「自分がいる」ということを徹底的に、精密に、科学的に研究したのです。そうすることでお釈迦様は、正解に辿り着きました。「自我と言えるものはありません。無我です」。お釈迦様は、「自分というもの」を研究した結果、「自我(我)」ではなく「無我」という真理を発見したのです。

「無我」とは、「我はない」ということですが、この「ない」を発見することは、相当難しいのです。「ある」は証明できますが、「ない」を科学的な立場から実験的・実証的に証明しようとすると、とてつもなく難しいのです。

では、お釈迦様は、どのように分析したのでしょうか？

アートマン（我）はない——五蘊・五取蘊

ここからは、皆さんも知っている、仏教の話になります。

まず、「私を形づくっているものは何か」と考えてみましょう。

すべての生命は、色・受・想・行・識という五つの働きの集まりです。これを五蘊《ごうん》（pancakkhandha《パンチャッカンダ》）と言います。あるいは、執着の元となる五つのものという意味で五執蘊《ごしゅううん》、五取蘊《ごしゅうん》（pañcūpādānakkhandha《パンチューパーダーナッカンダ》）と呼んでもいいでしょう。

①（rūpa《ルーパ》）色——物質・肉体
②（vedanā《ヴェーダナー》）受——感覚
③（saññā《サンニャー》）想——概念（青い、黄色い、丸いなどの）
④（saṅkhārā《サンカーラー》）行——意欲（何かをしたくなるエネルギー・衝動）
⑤（viññāṇaṃ《ヴィンニャーナン》）識——認識すること

①は肉体、②は感覚です。前章でお話ししたように、私たちには肉体があって、肉体

の中に感覚があるのです。

そして感覚から、③いろいろな概念が生まれます。私たちは、「赤い」「丸い」「大きい」「小さい」といったようなことを思うでしょう。これは、考える前に思う「概念」です。

私たちにはいつでも、「座りたい」「歩きたい」「しゃべりたい」「寝たい」といった、何かをしたくなる④意欲、衝動的なエネルギーがあります。

そして感覚・概念・意欲があるところで、私たちは⑤認識するのです。

「自分」とは、この五つの働きからできているのです。

この五つの働きは、常に変化しています。肉体は、ずっと変化し続けていますね。感覚も、常に変化し続けています。外に行ったら涼しい、部屋に入ったら蒸し暑いといったように、感覚は変わるでしょう。

変わる、変わる、変わる。色・受・想・行・識は、恐ろしい勢いで変化するのです。このように、人間を構成する五つのものは、常に変化する、つまり無常なのです。したがって、これらは、永遠不滅で、これが人間だと言えるような、絶対に変わらない、確固とした実体＝アートマン（我）ではありません。つまり、人間の中にはアートマン（我）はない、ということです。

したがって、「無我」なのだ、とお釈迦様は結論づけたのです。

アートマン（我）はない――六根・六境

視点を変えて、「知る」世界からアプローチしてみましょう。

なぜ、「知る」世界からアプローチするのかといえば、先ほど説明したように、感覚が生まれることで、感覚する「自分」に気づく、「自分がいる」と感じるからです。六つの感覚器官（眼・耳・鼻・舌・身・意）に、六つの認識対象（色・声・香・味・触・法）が触れることで、感覚が生まれるということは、前章でもお話ししました。

すでにお話ししたように、眼・耳・鼻・舌・身・意の六根は常に変化するもので、無常です。絶対に変わらないものではありません。ですから、永遠不滅で、これが人間だと言えるような、絶対に変わらない、確固とした実体＝アートマン（我）ではありません。

また、感覚を引き起こす色・声・香・味・触・法という六つの対象（六境）も、常に変化するものです。音は常に変化しています。見えるものも常に変わっている。味わうものも常に変わります。アメ玉をなめていると、常に変わっていることがわかるでしょう。ですから、六対象も無常であって、永遠不滅で、これが人間だと言えるような、絶対に変わらない、確固とした実体＝アートマン（我）ではありません。無常とは、「変わらない何か」などないということです。

そして、六根と六境から生まれる認識＝六識（眼識・耳識・鼻識・舌識・身識・意識）も、無常です。

何かを見たら楽しい・悲しいといった感覚が生まれますが、バラの花を見たら「楽しい」、ゴミを見たら「気持ちが悪い」といったように、感覚は常に変わります。変わらなければ、無常でなければ危ないのです。

たとえば、誰かが人を殺して山に捨てているところを見てしまったとします。びっくりして、怖くなって、ヒステリーを起こしてキャーキャー泣き叫んだり、「どうかしましたか」と尋ねられてもろくにしゃべれなくなったりしてしまうでしょう。このように、見た現象が残ってしまうと、大変危険です。

逆に、美味しいご飯を食べて、その味が永久に舌にとどまってしまったら、どうなるでしょうか？　ですから無常でよかったのです。変わらない何かがあったら、大変なことになります。

このように、認識もまた無常であって、永遠不滅で、これが人間だと言えるような、絶対に変わらない、確固とした実体＝アートマン（我）ではありません。

また、認識するときに引き起こされる煩悩も、同じく無常です。永遠不滅で、これが人間だと言えるような、絶対に変わらない、確固とした実体＝アートマン（我）ではありません。

感覚器官（眼・耳・鼻・舌・身・意）も無常、認識対象（色・声・香・味・触・法）も無常、そこから生まれる認識＝六識（眼識・耳識・鼻識・舌識・身識・意識）も無常、すべてが無常なのです。

したがって、永遠不滅で、これが人間だと言えるような、絶対に変わらない、確固とした実体＝アートマン（我）などないのです。

「我」はありません。「無我」なのです。

無常だから無我

すべての現象は、生―滅の流れ、有―無の流れであることは、すでにお話ししました。この有―無の流れである現象の無のありさまは、直接認識することはできません。しかし、直接認識できなくても、客観的に観察すると、前の現象と後の現象とは違っているのだと理解できます。

少し前に、財布の中の一万円札の話をしました。昨日まで「有った」一万円札が、今日は「無い」。「有った」ものが「無くなる」ことで「無い」と認識する話です。そうやって「無」を推測するのです。「無」を直接認識できたわけではないが、前と後を合わせることで、前の現象と今の現象が違っていると、現象は常に変化していると理解できます。

このとき、「変わらない何かがあるはずだ」との先入見を持って観てはいけません。皆さんが本当のことを知りたければ、すべての先入見を捨てて、直接観察しなくてはならないのです。

そうすると、いとも簡単に無我が発見できます。すべては無常なのですから、永遠不滅で、これが人間だと言えるような、絶対に変わらない、確固とした実体＝アートマン（我）などあり得ないことがわかるでしょう。無常だから無我なのです。

それでも他の宗教は、「私」とは永遠不滅の魂だと説いています。

たとえば、ウパニシャッドでは、「Tat《タッ》 tvam《トゥヴァン》 asi《アスィ》（それが汝である）」という有名なフレーズがあります。

先生が、「あなたにあの木は見えますか」と弟子に訊きます。弟子は「見えます」と答えます。すると先生は、「あの木は汝であり、汝はその木であり、あの木は汝の我であり……」と説明します。弟子は首をかしげます。「あの木が私というのはちょっと……」。先生は、「修行が足りないな」と言います。「それを経験することが本当のウパニシャッドであって、『梵《ぼん》我《が》一如《いちによ》』である」と。

人間の本体というべき魂・我は、個々バラバラの個我であるが、宇宙を成り立たせている根本原理であるブラフマン（梵）と同一の真我《しんが》（アートマン）へと高めなければならない、その境地が「梵我一如」であるが、この境地に達すれば、宇宙の構成要素である汝もあの木も同じものなのだという論理です。

お釈迦様も修行をして、「あの木は無常であり、私も無常である」という答えに辿り着きます。お釈迦様は、「Tat tvam asi」に反対しているわけでも賛成しているわけでもありません。お釈迦様は、超越道で正解を出します。木は無常です、自分も無常です。無常という意味では、自分もあの木も同じ無常です。無常ならば、絶対的に変わらない何かがあるはずはないのです。ですから、これが人間の自我だと言えるような、永遠不滅で絶対に変わらない、確固とした実体＝アートマン・魂などはないのです。

魂とは、流れる川の真ん中にある巨石のようなものです。「川は流れても巨石はそのまま動かない。それと同じように、私たちの身体が年をとっても、魂は厳然として動かず、不動なのだ」と。しかし、そんなものは、どう見てもあるわけがないのです。

諸行無常・諸法無我、涅槃もまた無我

そうすると、愚か者たちはこう言います。「木が無常だということは、子供でもわかります。私の身体も命も無常だということは、子供だってわかるでしょう。そんな偉そうな話ではありません」「大切なのはそんなありきたりの世界ではなく、永遠の実体の世界、真理の世界、ありのままの個我を真我へと昇華させることでしょう」と。永遠の実体などはじめからないのに、勝手な結論を出すのです。

そこでお釈迦様は、「sabbe《サッベー》 saṅkhārā《サンカーラー》 aniccā《アニッチャー》（諸行無常）」と説きます。

「諸行」とは、世の中にあるすべての現象、森羅万象のことです。それは無常であると。

そして、「sabbe《サッベー》 dhammā《ダンマー》 anattā《アナッター》（諸法無我）」と説かれるのです。

ここで注意してほしいのは、「諸法」と「諸行」は違うということです。「諸法」には、現象だけでなく、すべてのものが含まれています。「法」の場合は、何も抜けていないのです。そして、すべてまとめて無我である、とお釈迦様は説くのです。無我という概念を使う場合は、「法」という言葉をわざと使います。「諸行無常」という言葉はありま

せん。あくまでも、「諸法無我」なのです。

では、なぜ「諸法無常」と言わないのでしょうか？　「ウサギの角」という言葉を考えてみましょう。これは、人間が頭の中でつくった言葉で、実際のウサギには角はありません。ウサギの角は、無常でしょうか？　はじめからないものですから、無常とはいえません。しかし、「ウサギの角」という概念は「法」に入ります。存在はしませんが、頭の中で組み立てた思考としては存在します。それが無常だとは言えませんね。

たとえば、目の前にあるペットボトルは、無常です。実際にあるのですから。ペットボトルは、同時に無我です。永遠に変わることがない「実体」などありません。

そういうわけで、無我という単語を使う場合は、「諸法」と言わなければならないのです。

こうまとめてもよいでしょう。

行：因縁によって起こる現象
法：涅槃《ねはん》も含むすべて

「法」と言えば、「涅槃」も「ウサギの角」も「亀の毛」も「空華《くうげ》（虚空に浮かぶ実在しない花。凡夫が、実体のない存在を実体があるかのように誤ることのたとえ)」も全部入っています。それらはすべてが無我です。

ですから、涅槃もまた無我なのです。

「涅槃もまた無我」と言うと、誤解するでしょう。仏教では究極の幸福の境地として涅槃を説かれています。無我を発見していない一般の方々は、涅槃の境地に達したら永遠の幸福の命を獲得したようなものだと推測します。

しかし、涅槃という境地は、認識概念では説明不可能です。すべての概念は現象の世界を指しています。現象を乗り越えた世界に対して、言葉も概念もありません。強いて言えば、生き続けることは苦であり、それを乗り越えられたならば、幸福である、という程度の話です。最初から自我はなかったのです。自我があるとは人間の錯覚・幻覚です。覚《さと》りに達する人には、自我の錯覚が消えます。幻覚がなくなるのです。それだけです。覚った人に、今までなかったアートマン(自我)が突然現れるはずはないのです。涅槃も無我です。ですから、諸行無常で諸法無我なのです。

無常・苦・無我——三法印・三相

「諸行無常」「諸法無我」に、「一切皆苦《いっさいかいく》（一切行苦《いっさいぎょうく》）」を加えたものを三法印《さんぼういん》と呼びます。この三つの言葉は、それぞれ別のことを言っているのではなく、一つの事柄、つまり、一切の現象の本質を、三つの言葉を使って言い表したものです。

それは、一つの三角錐《さんかくすい》を三つの方向から眺めたようなものです。三人にそれぞれの面を調べさせたとしましょう。「一の面はこうでした」「二の面はこうでした」「三の面はこうでした」と、報告の仕方は違うかもしれませんが、中身は同じ三角錐です。

このように、無常・苦・無我は同じものの三つの側面にすぎません。ですから、無常＝苦＝無我なのです。これを、一切の現象の三つの相＝三相と呼びます。

では、なぜお釈迦様は、無常・苦・無我という三つの言葉を使ったのでしょうか？無常の概念に興味を抱く人も、苦の概念に興味を抱く人も、無我の概念に興味を抱く人もいるでしょう。お釈迦様は、誰にでも理解できるように仏教の真理をユニバーサルにしたのです。

無常（anicca《アニッチャ》）は、ほとんどの人が理解しやすいでしょう。物事が常に変化してやまないことは、感覚的にもわかりやすいですから、無常は比較的入りやすい入り口だと言えます。

苦（dukkha《ドゥッカ》）は、感覚的に物事にアプローチする人にとってわかりやすいでしょう。感覚的に、「ああ、苦しいなあ、この人生は」と思う人にとっては、苦のほうが入りやすいのです。無常という場合は、まあ世の中は無常だよというのはわかりますから、別に苦しみに興味はなくても、かなりの人々が興味を持ちます。その中の一部の人が苦に興味を持つのです。

無我（anattan《アナッタン》）は、宗教家、思想家、精神世界に興味ある人にとってわかりやすいでしょう。ただ、あまりにも「我」論に執着すると、自分でもわからなくなって、脳が壊れます。存在しないものを存在すると思う話ですから。そうではなくて、あの人は何を言っているか、この人は何を言っているかと、そうやって調べる人にとっては、無我はアクセスしやすいのです。

お釈迦様は、苦・無常・無我以外にも、病・傷・できもの・蜃気楼・幻覚・燃える炭などのたくさんの単語を使って同じことを説明しています。「糞」という言葉を使うときもあります。「存在は糞である」と。それで「ああ、そうなのか」と興味を持つ人もいるでしょう。

このようにお釈迦様は、相手の性格に合わせて語られているのです。

因縁（因果法則）――原因がなくなれば結果もなくなる

一切の現象は、因縁によって現れます。人間に発見できても、できなくても、因縁なく、言い換えれば原因なしに、偶然、突然、あるいは神の創造によって、何かが現れるということはありません。

よく、「これは偶然だ」とか「これは突然だ」という人がいますね。私も「偶然」という言葉を口にすることがありますが、それは、その因果の流れ・原因を知らないからです。「今日は突然、人が来た」というのは、その人が前もって「今日伺います」と連絡してこなかったから、来ると思っていなかったというだけの話です。その人が足を運んだという「原因」があって、「来た」という結果があるのです。原因もなく、突然、現れたわけではありません。

ですから、同じように、「神による創造」もあり得ないのです。

「偶然」「突然」「神による創造」といった言葉を使う人は、自分の無智をさらけ出しているだけです。ただ、本人が知らなかっただけのことですから。

科学の世界でも、まだ知られていないことは無数にあります。だからこそ、まともな科学者ならば、「まだそこまで研究していないからわからない」と答えるのです。知らないからといって、「偶然だ」「突然だ」「神の創造だ」などとは言いません。

そして、原因によって生じるものは、その原因によって支えられているときのみ存在するのです。今、蛍光灯が光っているとします。光っているのは、偶然でしょうか？それとも、神の大慈悲の結果でしょうか？　光る原因を、皆さんも知っていますね。しかし、蛍光灯の光は、光る原因にずっと支えていてもらわないと、消えてしまいます。因果法則とは、そういった話なのです。

原因がなくなると、結果もなくなります。

ですから、絶対的で、常在する実体（アートマン）が存在するというのは、観察能力が乏しいことから起こる、錯覚以外のなにものでもありません。この世の中にある膨大な我論、アートマンに関する膨大な知識・哲学というものは、単純に観察能力が乏しいことの結果に過ぎないのです。

覚りの結論

お釈迦様が観察すると、因果法則ということがわかってしまいました。そうすると「sabbe《サッベー》 dhammā《ダンマー》 anattā《アナッター》」という結論に達しました。Sabbe dhammā anattā（諸法無我）という結論は、このような現実的な因縁の法則を理解したことの結果なのです。

これが、お釈迦様の覚りの結論です。

第4章……「無我」だからこそ人は善く生きられる

「無我」の「我」とはアートマン

「無我」は、誤解しやすい言葉です。

仏教は、単純に「私はない」という意味で、「無我」を語っているわけではありません。

生命には、感覚によって起こる、「自分がいる」という実感があります。目や耳や鼻から起こる感覚によって、常に「ああ、自分がいるんだ」という実感をつくっているのです。仏教は、こうした素朴な意味の「自分」を否定しているわけではありません。「自分がいる」のは、ごく当たり前で、普通なことです。

無我という場合の「我」とは、最初にお話ししたアートマン（ātman）のことです。それは永遠不滅で、これが人間だと言えるような、絶対に変わらない、確固とした実体、言い換えれば、私たるもの、私と言えるべき芯のようなものです。そのような「我」＝アートマンなど存在しない、というのが「無我」の意味です。

無我とは、ある意味では哲学的な言葉です。

霊魂・魂・アートマンといったものは、一部の宗教家たちが頭の中でごちゃごちゃと考え、妄想を膨らませてつくり出した形而上学的な概念です。

それが、絶対神ブラフマンと真我・個我に関する話です。つまり、宇宙を成り立たせている根本原理・万有に遍在する力は絶対的な神ブラフマン（梵）であり、各個人は小宇宙であるとともに個体それぞれの純粋な本性は永遠不滅の魂アートマン（真我）であって、アートマン（真我）の中にブラフマン（梵）は実在するが、ありのままの魂（個我）はブラフマン（梵）と同一ではなく、自己の本体であるアートマン（真我）を理解して個我を真我へと高めることで宇宙の原理であるブラフマン（梵）と個人の本体たるアートマン（真我）を合一させることができる……といった、わけがわからない話なのです。

ですから、無視してしまってかまいません。

しかし、真理を発見できなかった思想家・宗教家たちは、永遠不滅の実体（我、アートマン）があると固く信じて、論じていました。だからお釈迦様は、それに応えて、「我はない」と語ったのです。このようにお釈迦様は、世の中の質問に答えただけです。世の中が、あまりにも「我がある」と言うので、「いいえ、ないです」と言っただけの話です。

ですから仏教の立場は、有我論でも無我論でもありません。あえて「無我論」を語る必要はないのです。

それを、大乗仏教の「空」思想のように、説明概念を極限まで敷衍《ふえん》して哲学や思想体系をつくることには、お釈迦様は反対の立場です。なぜかといえば、論があると異論も成り立って争論になり、時間を無駄にするからです。大切なのは、一日も早く清らかな心をつくることです。

実際、「空」の思想体系をつくったナーガールジュナ（龍樹）は、輪廻も解脱も涅槃も空の立場から観ると成り立たない、と語ってしまったのです。当然、修行も成り立たない。ブッダの教えをしっかりした思想体系として構築しようとしたところが、あえて修行する必要はない印象を与えてしまった。仏教に命を吹き込む努力が、命を吸い上げる結果になった。努力はしましたが、この問題を解決することは、偉大なるナーガールジュナにもできなかったのです。

初期仏教では、苦・無常・無我・空は、ほとんど同じ意味で使います。ただ、「空」は虚無主義と間違える可能性があるので、パーリ聖典ではとりたてて強調していません。ただ、変わらない実体がないからこそ、因縁によって森羅万象が変化していくことははっきりと説かなければなりません。

お釈迦様は無我を発見するためではなく、苦しみをなくすために修行したのです。そこで、因果法則を発見されたのです。

「自分」とは因縁の流れ

生命には、「自分がいる」という実感があります。仏教では、これがどのようにして起こるのかを説明できますし、「自分がいる」という実感を証明することもできます。

しかし、「自分がいる」という実感があるからといって、何があっても絶対変わらない「我」があるわけではありません。ただ、瞬間瞬間に変わる自分がいるということです。

「私がいる」ということを仏教的に説明すれば、様々な因縁によって変化していく、自分、自己と表現できる流れがあるということです。朝から晩まで、常に変化し続けている「自分」がいるのです。「自分がいる」といっても、朝の自分と、今の自分は常に違います。それは、一つの流れです。つまり「自分」とは、因縁の流れなのです。

ここで、お釈迦様の言葉を一つ紹介しましょう。

Ajjhattaṃ《アッジャッタン》 upasantassa,《ウパサンタッサ》 natthi《ナッティ》 attā《アッター》 kuto《クトー》 nirattā《ニラッター》 vā.《ワー》 (Sutta《スッタ》 Nipāta,《ニパータ》 925)

スッタニパータという経典に書かれたものですが、「心の安穏に達した人には『我』という実感はない。当然『無我』という実感もない」という意味です。

覚りに達したら、「我」も「無我」も関係なくなります。これはとても難しい経典で、この部分だけ取り出したら誤解されるかもしれません。

ここでは「我」、すなわち「永遠不滅の、絶対的で変わらない何か」があるから自分がいるというわけではない、そんなものを捏造《ねつぞう》するのはやめなさい、というふうに理解しておきましょう。

矛盾する「我」という概念

もしも「我」、すなわち「永遠不滅の、絶対的で変わらない何か」があるとしたら、どうなるでしょうか？

インドの宗教では、魂・アートマンとは、究極の至福であるといいます。もしそうだとするならば、至福そのものである魂が存在するのに、なぜ生きることは悩み苦しみで満たされているのでしょうか？　現実の人生は、朝から晩まで苦しいことばかりでしょう。一度でも至福を味わうことがあるでしょうか？

私は、キリスト教の方々にも訊いてみたことがあります。「大慈悲の神が、なぜ人々をひどい目に遭わせているのでしょうか？」と。すると、「それは汝らが罪人だからだ」と言われました。しかし、私たちに宿っているという魂は、永遠不滅の絶対に変わらないもののはずです。その魂が罪で穢《けが》されているのだとしたら、どうなってしまうでしょう。

そうすると、彼らはこうも言うのです。「魂は汚れます。だから、魂は清らかにしなければいけません」と。もし魂が罪で汚れたり、清浄になったりするのであれば、それは、様々な原因によって変化するものになってしまいます。そんな不安定なものが、永遠不滅の魂などと言えるのでしょうか？

永遠不滅の絶対に変わらない魂などが存在するなら、罪は成り立たなくなります。また、それが至福であるのならば、人は苦を感じるはずがありません。

こうした矛盾は、お釈迦様の時代に、すでに露わになっていました。

実際、ある宗教家が「魂は至福だ」と言えば、別の宗教家が「いや、魂は究極苦だ」と言う。それを聞いていた別の宗教家が「いや、魂は時には至福、時には苦なのだ」と言えば、「そのようなことは、魂については何とも言えない」という態度をとる。

結局、誰一人として、何もわかっていなかったのです。

「我」論が犯罪を生む

また、「霊魂がある」「魂がある」と言ってしまうと、とても恐ろしいことにもなります。

たとえば、人は殺せても、魂は殺せません。ですから、「肉体は滅びても霊魂は滅びない」と言って、人殺しを正当化することもできるのです。肉体は殺しても、人間の本体たる魂は殺していないからです。

オウム真理教の事件を思い起こしてみましょう。「穢れた人間から魂を救い出すために人を殺すのはよいことだ、最終解脱者にはその権利がある」というのが彼らの論理です。それを彼らは「魂の救済」と呼びました。そして彼らは、「人は罪ばかり犯して地獄に堕ちる、八十年間生きていれば八十年間も罪を犯す、だったら早く殺して魂を救い出したほうがよい」と言って、三十歳くらいで捕まえてきては、全財産を自分名義に変更して、熱いお風呂に入れたり、いろいろな「治療」を施したりして、たくさんの人を殺しました。そこから、サリンを撒いて一発でたくさんの人を殺したほうが、たくさんの善行為をしたことになるといった具合にエスカレートして、あの陰惨な事件を引き起こしました。

ですから、魂など信じてしまうと、大量殺人どころか、日本国民全滅にしてしまってもかまわないというところにまで、行き着いてしまうのです。

それでも、魂を信じてしまえば、何も問題はありません。魂を信じる人にとって、魂は不変ですから、悪を犯そうとも、善行為をしようとも、一番大切な魂は何の影響も受けないからです。

このように、我論・魂論は、道徳的に見ても、とんでもない概念なのです。

無我だからこそ人は変われる

しかし、無常だからこそ、無我だからこそ、自己の改良・改善ができます。永遠不滅で、これが人間の自我だと言えるような、絶対に変わらない、確固とした実体などないから、変わることができるのです。

自我ははじめからないのですから、何でもできます。何でもできるというと大げさかもしれませんが、物事にはいろいろなパターン（法則）があって、それを憶えれば何でもできるのです。

昔の人は、人間は空を飛べないと思っていました。ところが空を見ると、鳥たちは飛んでいます。そこで、どうすれば人間も飛べるようになるのか考えたのです。最初は鳥のまねをして翼をつくってみましたが、うまくいきませんでした。そこでいろいろ調べた結果、今のように、飛行機で飛べるようになったのです。

はじめから飛べないものと決めつけてはダメです。別に決まっているわけではありません。

いろいろな物事には、それぞれのパターンがそれなりにあります。しかし、そのパターンは定まりきったものではありません。少々、手を加えれば変えられるのです。

もちろん変えられないパターンもあります。たとえば地球の自転・公転といったパターンは変えられません。

しかし、ある花が春先に咲くといったパターンは、毎年繰り返されることですが、変えることができます。そのパターンをよく研究して、春先のような暖かい環境と太陽の光を与えれば、冬にだって花を咲かせられるのです。

野菜にしても同じです。トマトは一年中食べられるようになりましたが、これはやり方を変えた結果です。トマトの実がなるのには、あるパターンがあります。そこに手をつけなければ、トマトを食べるために夏まで待たなければならなくなります。保守主義者はそこでとどまってしまう。冬にはトマトはできないとか、夏収穫するためには春先に種を蒔かなければとか、そうした決まったパターンにはまりこんでしまうのです。

他方で、新しい考え方の人は、トマトを冬にも食べるためにどうすべきか考えて、何かアイデアを出すでしょう。そうすると冬でもトマトが食べられるようになります。このように、パターンはあるけれど、このパターンを理解すれば変えられるというのが、無我の立場です。

もちろん、無我は単なるトマト栽培の話ではなく、全存在を含めて語られた言葉です。お釈迦様が、「無常だ」「無我だ」とおっしゃったのですから大変です。

皆、仕事をしなければなりません。改良して、改善しなければなりません。でも心配しすぎることはありません。無常だから、無我だからできるのです。

そして、無常、無我だからこそ、道徳もまた成り立つのです。

川は流れているからこそ「ある」といえる

先ほど、「自分」とは「因縁の流れ」だとお話ししました。ここでもう一度、この「流れ」について考えてみましょう。

川を流れる水を観察してみましょう。

目の前には、見ようと思ったら見られる、観察しようと思ったらできる、「ある」と思える川がそこにあります。荒川、隅田川、多摩川などの名前をつけることもできます。

しかし、荒川には、「荒川だというべき」絶対変わらない、荒川の芯だと言える何かがあるのでしょうか？　ありませんね。ただ地球の引力によって、山に降った雨が海まで流れているだけです。荒川であろうが多摩川であろうが、ただ溝の中を水が流れるだけです。雨が降らなければ、荒川もなくなります。あるのは、条件の中で生まれる現象だけです。

そして川は、瞬間、瞬間変わっていきます。人が気づかないだけで、瞬間、瞬間川の中身が変わるので、その瞬間、瞬間で、川は別々のものです。

川を見るために一秒かかると仮定しましょう。そうすると、二十秒間川を見れば、二十回違う川を見たことになるのです。本当は、さっきの水が出ていって新しい水が入る、つまり、別のものに変わっているのです。しかし、絶えず流れていることによって、私たちはそれを「荒川」と呼ぶことができるのです。

生命の存在も因縁によって起こる現象の流れです。子供が生まれて太郎という名前がつけられたとしても、あるのは現象だけです。その現象は、毎日のように変わります。

性格も変われば、すべてが変わっていくのです。

小学校に上がる前、遊ぶ姿はいかにもかわいらしかったのに、十年後に会ってみたら、「あの子はいったいどこにいったのか」と思うほど変わってしまって、目の前にいるのはわがままで言うことを聞かない大男だったりするでしょう。

私も皆さんも、荒川や多摩川と同じです。生まれたばかりの赤ちゃんだった頃の自分と、今の自分は相当違いますが、同じ名前を使っているでしょう。それは、荒川が、いつも荒川という名前で呼ばれているのと同じことなのです。

スマナサーラ一号がこの部屋に入って、何分か後にスマナサーラ三〇六号が出ていくわけではないのです。そんなややこしいことを言わなくても、「スマナサーラが入ってスマナサーラが出ていった」と言えばいいでしょう。

もちろん、この部屋に入ってきたスマナサーラと、部屋を出ていったスマナサーラは別ものです。しかし、スマナサーラはスマナサーラです。それを、頭の悪い人たちは、同じ「スマナサーラ」だから、実体として同じスマナサーラが部屋に入って出ていったと言うのです。

しかし実際は、川のように流れているだけです。

だから皆、無我なのです。

自分という流れを汚さないこと

川は汚してはいけません。しかし川は、入ってくるものによって汚れてしまいます。私たちの身体も同じです。身体に入るものによって、汚れるのです。言葉や、食べ物、いろいろなもので、いろいろなことで汚れるのです。

ものを見て心を汚す。音を聞いて心を汚す。ケンカもする。怒る。怒鳴る。テレビのニュースを聞きながら、皆落ち込んだり腹が立ったりしますね。「こんな放射能で汚染された野菜なんか食べられない」と落ち込んだり、腹が立ったりするでしょう。そうして、心が汚れるのです。

ですから、貪瞋痴の汚れが入らないように、感情が氾濫しないように自己制御しなければならないのです。

川に汚れたものが入ると、川の水は汚れます。川が氾濫しても困ります。川は、きれいな水がゆったりと流れていてほしいものです。人生も同じことです。感情の氾濫もダメ、貪瞋痴という汚れが入ってもダメなのです。

時間が経てば解決するとよく言いますが、川に汚染物が入るのをストップしない限り、川は清らかにはなりません。

人がカンカンに怒って何を言っても聞いてくれない。そのようなとき、世間では、よく言うでしょう。「まあいいや。放っておこう。そのうち治るだろう」と。しかし、時間が経てば治るわけではないのです。その人がずっと怒りを回転させるとどうなりますか。川はきれいにはならないのです。

川は流れればきれいになるといいますが、それはいったん汚れても、その後は汚染物が入ってこなければという話です。そこをちょっと考えてみてください。

「なんで子供が死んだのだろう」「なんで家が潰れたのだろう」「津波で家族は皆亡くなってしまったのに、なぜ私だけが生き残ったのだ」と、毎日泣いていたら心は治りません。過去の悲しい記憶を毎日思い出すと、自分という川に毎日汚染物が入ってしまうのです。

確かに、時間が治してくれることもあるでしょう。しかし、そのためには汚染の流れをストップしなくてはいけません。

妄想は止めるしかないのです。貪瞋痴の妄想は止めてしまえば治ります。

本当の個性、アイデンティティとは

「自分」とは、一つの流れ、小川や小さな滝のようなものです。中身は瞬間、瞬間で変わりますが、「小川がある」「滝がある」と言うことはできるでしょう。小川といってもすぐ変わる。滝といってもすぐ変わる。でも「ある（有る）」と言えますね。この「変わるけれどもある（有る）」とも言える、これが個のアイデンティティです。つまり、「有って無いようなもの」なのです。

しかし、小川や滝を管理して、汚れないようにしたり、皆の役に立つようにしたりすることは可能です。同じように、自分という小川や滝も、汚れないようにしたり、皆の役に立つようにしたりすることができるのです。

しかし、パターン（法則）を知って変えることは、とても複雑で難しい作業です。物事にはいろいろなパターンがあって、そのすべてを徹底的に壊そうというのは無理な話です。しかし、すべてが無理なわけではありません。

難しくとも、洪水を防ぐことはできるでしょう。雨が降って、川が氾濫して洪水になるというのは、自然法則です。だったら放っておけばいい、なんて結論にはなりませんね。そこは何とかして手を打つのです。

世の中にある多種多様なパターンを自分がどの程度管理するかは、自分で考えなくてはいけないことです。それは自分の問題です。そのとき、まわりの言葉に耳を貸さず、真っ向から反対するのではダメです。かといって、まわりの言うままに生きてもダメです。

ですから、自分は、何をどの程度管理するのかを知らなければなりません。そしてどこまで変えて、どこまで合わせるのか、そこが、その人の個性であり、アイデンティティになるのです。

私たちは、ありもしない自我、永遠不滅で絶対に変わらない魂という妄想概念にしがみついてはいけないのです。これが人間だと言える確固とした実体があるという先入見に寄りかかることなく、「自分という流れ」をしっかり管理して、自分にも他人にも役に立つ人間にならなければなりません。

そのために自分の道を探すのが、本当の「自分探し」です。自分の、そして他人の役に立つための方法こそが、自分の本当のアイデンティティとなるのです。

終章……自我論は便利な道具

宗教家の専売特許

自我・魂という概念は、社会生活から離れて宗教活動に携わった人々が開発したものだと、第1章で説明しました。一般人は日常生活を送るために日々、仕事に頑張っているので、「魂があるかないか」といったような日常生活と関係のないテーマについては考える暇がありません。しかし、生きる苦しみ、愛する人々との別れ、天候不順や自然災害による被害などに遭遇しなくてはいけないことは、昔も今も変わりません。「なぜこうなるのか」と訊きたい・知りたいという気持ちが、当然、起きます。この一般人の要求に、宗教活動に携わっていた人々が答えようとしました。人々の悩み苦しみに対する答えとして、自分たちが開発した自我という概念を売りだしたのです。

自我・魂の妄想が開発されたのと当時に、神という妄想もペアで現れてきました。それぞれの宗教家が自分勝手に妄想してつくった概念なので、自我・魂の姿も、神の姿も、開発者の手によって変わっていきます。インドでは、複数の神論と複数の我論がありました。神論も我論も、人々の要求に応じて、時代の変化にも応じて、変わっていきます。現実ではないので、自我・魂も神もいくらでも変えられるのです。

自我・魂と神という二つの妄想概念は、すべての宗教家が生存するために必要な資源になりました。一般人も、自分たちで「生きるとは何か」と考察することをしません。そんな余裕はないからです。ですから、宗教家の話を信じることになります。自我・魂の管理と神の代理人が宗教家の専売特許になったことで、悩み苦しみに追われる一般人は、宗教の束縛から逃げられなくなっている。特にインドのバラモン教では、個人が自分一人で神に物事を頼んではいけないことになっていました。神にお祈りしたくなったら、バラモン人に頼まなくてはいけない。しかしバラモン人のサービスは決して無料ではないのです。

脅しのネタに使われる自我

インドの文学作品の中で宗教家が人々を抑えつけているエピソードはいくらでも挙げられます。仙人に怒られたり呪われたりして、大変なことになった、という調子の物語です。仏典にも、ジャイナ教徒のウパーリ居士とお釈迦様の対話の中で、「ダンダキー、カーリンガ、マッジャ、マータンガなどの森は、かつて仙人の怒りに触れて滅ぼされた街の跡だと伝えられている」というエピソードが引用されています（中部五六「ウパーリ経」)。

人々に「魂がある、自我がある、神がいる」などの概念を押し付けることで、宗教家たちはいとも簡単に人々を支配するのです。支配と脅しの程度は、宗教によって変わります。人々の財産を狙う目的はなく、修行ばかりやっている宗教家の場合は、「行者を敬わないとバチが当たる」くらいの脅しです。インドのバラモン教、西洋のカトリック教などになってくると、脅しの程度はかなり厳しくなります。

おそらく世界史の授業で、中世ヨーロッパにおける教皇権と王権の争いについて学んだことがあるでしょう。これは単純に言えば、ローマ教皇が魂と神という妄想概念二つを武器にして、政治家を脅してきた歴史です。何の証拠もない妄想概念で人々の感情を縛りつけて、人々を脅して、莫大な財産と権力を築くという行為は、はっきり言いますと、ヤクザ・マフィアのやり方よりも質《たち》が悪いのです。ですから人々が、自我(魂)がある、神がいる、と盲信している限り、宗教の呪縛からは逃げられないことになります。人間はどこまでも搾取されます。

自我・魂があると仮に信仰しても何も善いことはないと、これで理解できると思います。ひたすら怯《おび》えて生活することになります。ただでさえ生きることは大変なのです。生老病死、愛別離苦、怨憎会苦《おんぞうえく》、求不得苦《ぐふとくく》、自然の不調に悩まなくてはいけないのです。

その上、自我・魂があると信仰すると、やけどをした人が安らぎを求めて火に飛び込むようなことになります。

神と魂（自我）が政治を動かす

自我・魂の悪さは、これで終わりません。世界が王政であったとき、王位は神意によって授けられるものだと言い張っていました（王権神授説）。王になった人が好き放題に暴れまわってどんな悪さをしても、愚かな一般市民は黙ってその苦しみを受けるしかなかったのです。王政がなくなっても、世に独裁者がたびたび現れます。この人々も、自分の権力を誇示するために、神を後ろ盾にします。ヒットラーの残酷な行為には、神（教会）が後ろ盾になったのです。イラク戦争で、アメリカがイラクを攻撃すると決めたときも、それが神の意志であると大統領が発表したのです。イスラム諸国の独裁政治家も、アッラー神の意志に従って、市民を苦しめている。テロ行為をするために若者を洗脳するときも、決定的手段として使うのは、神と魂（自我）という妄想概念です。

現在では民主主義を名乗っている国の数が多いです。民主主義国家の場合は、国民が政治家を選びます。政治家が国民に選ばれなくてはなりません。そこで政治家を助けて当選に導いてくれるのは、神です。まるで選挙活動を神がやっているかのようです。

このように言っても意味がわからないかもしれません。キリスト教民主主義を標榜するドイツのCDU、ヒンドゥー教至上主義を掲げたインドのBJP、イスラム主義を掲げるエジプトのムスリム同胞団などは宗教を後ろ盾にした政党です。政党名に宗教の名前が入っているケースもあります。その宗教の神を信仰する一般市民が、宗教の名前を掲げた政党に投票しなかったらどうなるでしょうか？　一方、日本やアメリカの政党名には宗教名が入っていない。しかしアメリカの大統領選挙では、自分がキリスト教の何派であるかということをはっきりしないと、信頼されません。アメリカでは大統領選挙になると、候補者たちはやけに敬虔なクリスチャンに変身するのです。

そこで疑問が起こります。一般市民は、選挙に出る候補者たちの政策・能力などを客観的に調べて、納得のいった政党に投票するのでしょうか？　それとも自分が信仰している宗教を後ろ盾にしている政党に投票するのでしょうか？　結論として言いたいのは、たとえ民主主義国家であっても、宗教はあなたを支配・管理しているのだ、ということです。

自我・魂がなかったら、神がいなかったら、宗教は成り立ちません。残念なことに、自我と神とは証拠に基づいて証明された事実ではなく、暇な人間が考え出した妄想概念であるということです。自我・魂の妄想に執着することは、人間にとって不幸が連続する結果をもたらすだけではないでしょうか？

無我と政治

「自我ではなく無我ですよ」と言ったのは、お釈迦様だけではありません。インドには、「魂は存在しない」と説いた哲学者もいました。無我を説く人々は概ね、唯物論というカテゴリーに入ります。

西洋でも唯物論は発展しました。唯物論者たちの敵は、魂（自我）の存在を謳う宗教家です。彼らは、魂があるという妄想概念に束縛されているから、人々は簡単に搾取されているのだ、と考えました。魂がないと考えただけで、人々が精神的に完全に自由になるとは思えません。しかし相当、自由になるはずです。それでも一般人はそう簡単に自我に対する執着は捨てないのです。

西洋のほうでは、「自我も神も存在しない、物質のみだ」という話を発展させて、政治思想を語った人々もいました。しかし唯物論を語る人々は、宗教界から激しい攻撃を受けたのです。それでも彼らは無理やりに政権を奪取しました。その政党の名前は、決まって労働党、人民党、共産党、社会主義労働者党などになります。「労働者が政治を行う。それによって搾取が消える。皆平等になる」がスローガンです。いわゆる共産主義の国々が現れ、労働党などが政権をとることになったのです。

それで一般国民は自由になったのかというと、話はぜんぜん違います。民主主義が消えて、一党独裁制になったのです。権力者は労働者だけではなく、すべての国民を搾取するようになってしまいました。今まで人々は、社会システム、政治システムで激しく苛められると、教会に逃げ込んで神に祈って一時的な気休めを味わうこともできたのに、それさえもなくなったのです。共産主義の国で教会に行く人々は怪しまれました。神を消した代わりに、政治家が神に成り上がりました。独裁者として長いあいだ人々を苦しませた政治家を、死んでから国民に強引に拝ませるようになったのです。スターリン、毛沢東、金日成などは、神です。

神が決めた王なのに、その王の政治があまりにもひどかったので、人間は王政を潰しました。神に束縛されないためにと現れた唯物論に基づく共産主義の独裁者たちも、王に代わって神に成り上がった。そうやって樹立された様々な政権も、今崩壊しているのです。

かといって、一般国民が自由になったわけではありません。神を否定する唯物論に反発して、神の妄想を取り戻すだけです。人間の性格はどちらかというと犬に似ています。犬には飼い主が必要です。飼い主のためなら何でもする。もし犬が飼い主に捨てられたら、独立して生活できなくなる。優しそうな顔をしている人を見つけたら、尾っぽを振りながら追いかけていく。そこまでしても、飼ってもらいたいのです。王政が潰れても、独裁者を倒しても、共産主義の国を築いても、共産主義政権を壊しても、民主主義の政権を築いても、人間は自由にはなりません。弱肉強食はなくなりません。自我という概念に執着している限りは、精神的に弱いままです。弱いものは藁にでもすがるのです。

人間の問題を具体的に発見したのは、お釈迦様だけです。生老病死、愛別離苦、怨憎会苦、求不得苦などで人々は悩んでいます。したがって精神的に弱いのです。無智な人々は、力のある誰かに頼れば救われると勘違いしている。自分も悩み苦しみに陥っているので、他人を助けてあげるだけの力は人々にない。だから、どんな政党、政治家、政治システムに頼ったところで、誰も助けてくれません。「汝を救ってあげましょう」と派手に謳っている人々は、ただ弱者を食い物にしているだけです。

救いとは、誰かに頼ることではありません。自我という妄想を捨てること、無我を発見することが「救い」なのです。

唯物論の無我と仏教の無我との違い

唯物論者たちは、すべての宗教組織を攻撃する目的で現れたと言うこともできます。当然、哲学者として宗教思想を学んだうえで、異論を唱えた人もいました。インドの唯物論の明確なポイントは、死後はない、親孝行は意味がない（親孝行しても来世の果報はない）、布施・儀式・祈祷・供犠《くぎ》などは無意味だ、この世・あの世を超越した智慧で理解している修行者はあり得ない、ということです。要するに、反宗教家です。無神論者たちなのです。

現代の無神論者たちも、唯物論と科学知識に頼って西洋の宗教文化に異論を唱えています。しかし、ブッダの時代の唯物論者たちのように、真っ向から道徳を批判するまでの勇気はないようです。世界は、道徳の権威を握っているのは宗教家だと勘違いしています。しかし宗教家は、一般人の重んじる道徳観に則っているだけです。現代西洋の無神論者たちも、この問題に気づいていません。

ブッダは無我を説きましたが、唯物論者でも唯識論者でもありません。「なぜこうなるのか」という方法で、「生きるとは何か」という課題を調べてみたのです。そこで、

「これがあるとき、これが起こる。これがないとき、これも消える」という法則を発見しました。人の身体には物質の法則だけではなく、感覚の流れという法則もあると発見しました。物質の流れも、感覚の流れも、無常です。どちらにも、自我と呼べる実体は存在しません。しかしすべては因果法則なので、行為には必ず結果があります。物質的に起こる行為にも、結果があります。たとえば洪水になったら、田んぼの稲は流されます。地震が起きたら家が壊れます。生命が意志でする行為にも結果があります。その結果はその生命が受けなくてはいけないのです。

というわけで、現象はすべて無我ですが、行為には必ず結果が伴うので「道徳」は欠かせないのです。幸福は政治システムなどを変えることでもたらされるものではありません。心の執着という問題を解決することで、無明をなくすことで、人は幸福になるのです。これが仏教と唯物論の違いです。仏教の教える無我とは、因果法則のことなのです。

仏教徒と唯物論者が出会ったとき

両者とも無我を語るから、話はうまく合うだろうと思ったら、それは間違いです。唯物論者は宗教を否定する形で道徳を否定する。業報を否定する。修行を否定する。解脱を否定する。だから、話はかみ合いません。業報を否定することは、仏教にとっては因果法則を否定することです。因果法則を否定するのは、仏教そのものを否定することと同じです。ということは、唯物論者は仏教の立場から見れば「邪見」なのです。業報を否定する邪見は niyata《ニヤタ》-micchādiṭṭhi《ミッチャーディッティ》、決定邪見と言います。

　これから、クマーラ・カッサパ尊者とパーヤーシ王族（高官）が対話したエピソード（長部二三「パーヤーシ経」）を省略しながら紹介します。パーヤーシは唯物論者・無我論者です。彼は「あの世は存在しない」「化生《けしょう》する生命（母胎から生まれることなく突然現れる神などの存在）は存在しない」「善悪行為の報いはない」と言っていました。

　あるとき、クマーラ・カッサパ尊者は、コーサラ国のセータッビヤ地方に出かけて、シンサパーワナという森に入りました。その地方の人々は揃って聖者に会うため森を訪れました。それを見たパーヤーシが、自分も行ってみることにしたのです。そこで二人の対話が始まりました。

なぜ、あの世は存在しないと言うのか？

まずパーヤーシが、「あの世は存在しない」などの持論を発表します。尊者は、そのような見解は聞いたことがありませんでした。

尊者「なぜ、あの世は存在しない……などと言えるのでしょうか？　あなたには太陽、月が見えますか？」

パーヤーシ「見えます」

尊者「太陽と月は、この世（のもの）？　またはあの世（のもの）？」

パーヤーシ「あの世（のもの）です」

尊者「太陽と月は、人間ですか？　神ですか？」

パーヤーシ「神です」

尊者「それでわかるでしょう。あの世はある、化生する生命は存在する、善悪行為の報いはある、と」

パーヤーシ「それでも、私は、あの世は存在しない……と言うのです」

これは最初の問答ですが、論点はあまりにも乏しいと思います。一般人が使っている言葉の意味を使っているだけです。たとえば、「太陽はこの世のものではない」という場合は、「地球上のものではなく、空にあるもの」という意味です。「太陽は神ですか？人間ですか？」という場合、神とはdevā《デーヴァー》です。「輝くもの」という意味です。このような言葉遊びでは、唯物論は潰れません。彼が考えていた意味とは違うからです。対話は続きます。

あの世を報告した人はいない

尊者「あの世は存在しない……などのあなたの持論を支える理由がありますか？」

パーヤーシ「あります」

それからパーヤーシは、その理由を説明します。

「殺生、偸盗《ちゅうとう》（盗み）、邪淫、妄語（嘘）、両舌（二枚舌）、粗悪語、綺語《きご》（無駄話）、異常欲、異常怒り、邪見という罪を犯している親戚がいます。彼らが老衰で、病床に伏して最期を迎えたとき、私はこのように言います。『十悪を犯す人は、死後、地獄に堕ちるのだと、沙門・バラモンが言う。あなたは十悪を犯したのです。宗教家の答えが正しければ、地獄に堕ちるでしょう。もしあなたが地獄に堕ちたならば、その旨を私に報告してください』と。彼らは同意して死ぬが、何の連絡もありません。ですから、あの世はないのです」

クマーラ・カッサパ尊者はこのように答えます。

「高官よ、あなたに訊きます。罪を犯した泥棒などが、あなたのところに連れてこられる。あなたは処刑の判決を下します。家来が犯罪者を処刑場に連行します。そこで死刑囚がこのように言うとします。『少々、待ってください。私の親戚や知り合いがいる。彼らにその旨を報告してから、あなた方は処刑を実行しなさい』。死刑囚にそのようなチャンスはありますか？」

パーヤーシ「いいえ、ぜんぜんありません」

尊者「ですから、十悪を犯して地獄に堕ちた人々にも、あなたにその旨を告げるチャンスはあるはずもないでしょう」

納得できないパーヤーシは続けて、十善を行う親戚の話も挙げます。彼らが死んで、天国に生まれたら報告してくださいと頼んでも、死後、何の音沙汰もないのだと。それに対する尊者の答えはこうです。

尊者「人間の百年は、三十三天（忉利天《とうりてん》）の一日です。三十日がひと月で、十二カ月が一年です。三十三天の寿命は、天国の年で百年です。そこで天国に生まれた人々が、二、三日経ってからあなたに報告しようとするならば、どうなるでしょうか?」

パーヤーシ「それはできません。そのとき、私が死んで、何百年も経っています。しかし、天の寿命は長いとか、三十三天があるとかいった話を、私は信じません」

尊者「高官よ、生まれつき眼が見えない人がいるとします。彼が、美しいものがある、青・黄色などの色がある、太陽・月・星などがある、という話を聞く。しかし彼は『私は信じません。なぜならばそんなものは見たことがないからです』と言う。高官の話も、そのたとえと似ています」

唯物論者の主張項目の中に、「超越した智慧に達して人間にわからない境地のことを語る宗教家は存在しない」という論もあります。この対話は、その項目を参考にした箇所です。

「天国があるならさっさと死ねばいいのに」

パーヤーシ　「そうは言っても私は、超越した智慧に達して、この世やあの世のこと、業報のことを語る宗教家がいるとは信じません。私は真面目に戒律を守って修行している行者のことを知っています。もし彼らが死後、必ず善いところに生まれると思っているならば、なぜ早く死んでしまわないのでしょうか？　早く死んだら、さっさと天国に行けるのに。ですから、やはり業報はないのです」

尊者　「たとえ話をします。あるバラモンに、二人の妻がいるとします。一人には十歳程度の息子がいるし、もう一人は妊娠中です。そのバラモンが、死にます。息子は第二夫人のところに行って、『義母さん、父の財産をすべて私にください』としつこく頼むのです。義母は『少し、お待ちなさい。生まれてくる子が男なら、財産の半分をあげなくてはなりません。女の子なら、その子をあなたが守らなくてはなりません』と言っても、息子があきらめないので、義母は自分の子供の性別を早く知りたいと、刃物を持ってお腹を切ってみるのです。結果は、義母も胎児も死ぬことです。それは、義母のとてつもない愚かな行為です。そのように、真面目に戒律を守って修行する行者も、死後、幸福になることを知っていても、愚かな行為をしないのです」

人体実験で「魂の実在」を調べる

次にこの対話は、魂があるか否かというテーマに入ります。

パーヤーシは言います。

「私のところに犯罪者を連れてきて、特別な罰を与えることにします。犯罪者を生きたまま大きな釜に入れる。蓋を閉めて、牛皮などで空気が漏れないように密閉する。それから釜の下で火を焚きます。もう死んでいるだろうと思われるところで、蓋を破ってみます。しかし、彼の魂が、釜から出ていくのは見たことがありません。だから、魂なんかはないのです」

尊者「あなた、昼寝をしたことがありますか？　そのとき、美しい公園、美しい湖などの夢を見たことがありますか？」

パーヤーシ「あります」
尊者「そのとき、あなたは警備員に守られているでしょう」
パーヤーシ「はい、そうです」
尊者「警備員たちは、あなたが夢を見るために昼寝をしている部屋を出たり、夢を見てから部屋に入ったりするところを見たことがありますか？」
パーヤーシ「ありません」
尊者「生きているあなたもいろいろなところに出たり入ったりするのに、誰にも見ることはできません。どうやって人が死ぬとき、どこかに行くところが見えるのでしょうか？　ですから、あの世はあるのです」

この理屈も、言われた言葉に返しただけの対話のように見えます。「魂は見えるものだ」という自我論は、インドに実際にあったものです。パーヤーシの実験は、その論を試すために行われたのです。しかし尊者の答えでは、夢見るときに魂が外へ出てゆくような誤解を招きます。仏教は、現代人が幽体離脱を考えるように、夢見るときも霊が外に出ていくと説く教えではありません。ただ、心には時空を超えて認識する能力がある、という立場はあります（しかし、将来は見えません）。仏典の注釈書によれば、夢にはいくつかの種類があるようです。自分自身の経験を頭の中で回転させること。現実的に別なところに起こる出来事を夢で認識すること。高熱・食あたりなどの病気で身体が弱ったら起こる脳の異常行動。神々や霊などが無理に心に情報を入れること、などです。

次にパーヤーシは、魂の質量を計る実験を報告します。犯罪者の体重を計ってみて、殺してからまた計ってみる。もし魂が抜けたならば、体重は減っているはずです。しかし結果は、生きている人より死体のほうが重い、ということになった。魂があるとき（生きているとき）、身体は柔らかいし脆《もろ》い。しかし魂が抜けると、とても頑丈で硬くなる（死後硬直）。パーヤーシは、永遠不滅の魂が入っているならば、そのとき、身体は頑丈になるはずだろう、という理論を考えていたのです。尊者は、真っ赤に熱した鉄の玉、というたとえを使います。真っ赤に熱したとき、鉄の玉は脆いのです。しかし冷やしたところで硬くなるのです。身体の中にも、寿命・体温・空気・認識などが働くときは、軽くて脆いのです。それがなくなったら、重く硬くなるのです。

「魂」否定は正しい。「業報」否定は間違い

パーヤーシはその他にも行ったいくつかの人体実験を紹介します。しかし彼は、一度でも霊魂の存在を証明することができませんでした。彼の結論は、「人が生きているとき、眼があります。死んだときもその眼があります。ただ、死んだ人の眼は何も感じない。耳・鼻・舌・皮膚も同じです。ですから、感じるか感じないか、だけの話です。自我があるとは、決して証明することはできません。したがって、あの世もない、業報はない」というものです。

パーヤーシの「生きる」と「死ぬ」の定義は、客観的で仏教の説明にも合っています。生きているか、死んでいるかは、感覚があるか否かの差です。当然、自我はないのです。しかしこの人は因果法則がわからないので、業報まで否定するところが間違っているのです。

方法論の間違いを指摘する「法螺貝のたとえ」

クマーラ・カッサパ尊者は、パーヤーシの真理を確かめる方法論に大きな間違いがあるのだと、たとえを駆使して諭しました。

ある村に、法螺《ほら》貝を持った人がいる。彼は三回、大きな音をたてて法螺貝を吹く。それから法螺貝を地面に置いておく。音に魅了された村人たちは、あの美しい音はどこから出たのかと訊きます。その人は、「音は法螺貝から出たのだ」と答えます。村人たちは法螺貝を囲んで、「法螺貝よ、音を出してください」と頼みます。しかし反応がない。法螺貝を回したり、立ててみたり、足や石や棒で叩いてみたりする。またしても反応がない。法螺貝を吹いた人は、「この人々は無智です。間違った方法で音を出そうとしている。方法が間違っているならば、決して音は出ないでしょう」と考えて、村から去るのです。

パーヤーシも同じように、間違った方法を用いて、「自我があるか否か」「業報はあるか否か」を探したということです。パーヤーシもまた、方法が間違っている限りは正しい結論に達することはできないのです。

クマーラ・カッサパ尊者は、お釈迦様に教えられたことをこのたとえで説明しているようです。お釈迦様は方法論についてはとても厳しかったのです。お釈迦様は、ありのままに観察することに集中して、真理を発見したのです。法螺貝のたとえは、よいたとえです。法螺貝は人を感動させる音を出します。しかし、決まった手順を守って人が口から法螺貝に空気を吹き込まない限り、音は起きない。法螺貝には音がありません。人の口から出る空気にも音がありません。口から出る空気が法螺貝を通ると、見事に四方に響き渡る音が出るのです。これは原因・結果の話です。

仏教徒と唯物論者はなぜ対話に苦しんだのか

唯物論の無我と、仏教の無我はかみ合いません。唯物論者は死後、輪廻転生するならば、人に永遠不滅の魂（自我）が必要だという前提で語ります。仏教には、その前提がないのです。物事は無常です。因縁によって現れます。因がなくなると果も消えるが、現象は虚無になるのではなく、変化し続けるのです。ですから、無常だからこそ、自我がないからこそ、業報も輪廻転生も、道徳・修行の意義も成り立つのだ、というのが仏教の立場です。

この対話では、クマーラ・カッサパ尊者は苦しい状態に置かれてしまいました。パーヤーシが「魂がない」と明言するときにも、決して素直に「そのとおりです」と言えないのです。なぜならば、すべての現象は無常で変化し続けるからです。ですから尊者の反論は、論理的には弱くなります。真っ向から反対しようとしたならば、「自我・魂がある」という邪見の立場をとらなくてはいけなくなる。そこで、言われた言葉に返す言葉のような調子で対話せざるを得なかった。しかし最後の「法螺貝のたとえ」で、正しく方法論の問題を示しました。パーヤーシは、自分のやり方に欠陥があったのだから、これまでのように自慢気に持論を言いふらすのはマズイとわかったのです。

この経典の論理方法は、それほど強くありません。しかしブッダが説かれた他のすべての経典に出てくる論理方法は、決して弱いものではないのです。お釈迦様ご自身の議論は完璧です。誰にも異論を立てることはできません。しかし、この経典で見られる論理の弱さも、大事なポイントだと思います。「魂は存在しない」と断言的に攻撃する人に仏教が対応すると、かなり複雑な状態になってしまうのだと示されているのです。

無我は「覚り」である

この経典の自我をめぐる対話はここで終了します。しかしパーヤーシは、自分の意見にあまりにも執着していたので、尊者が何を諭しても、自分の意見は変わらないと言い続けました。それから、「何かの意見に執着するのはどれほど愚かなことか」と説明する目的で、さらに対話が続きます。人は自分が知っている範囲で何かの意見に達するのです。もしかするとその意見は、間違っているかもしれません。それは別に問題にはなりません。新たなデータが入り次第、自分の意見も改良すればよいだけの話です。最終的に真理に達するまで、人々は自分の主観にしがみつくことなく、柔軟な態度をとらなくてはいけないのです。

「自我がない」という真理が、人々に素直に受け入れられることは難しいのです。昔から、人々は「自我・魂がある」という前提で生きてきました。ですから我々の心は、その意見に洗脳されているのです。自我がある、またはないと、うかつに結論に達してはいけません。主観に執着しないで、先入見に汚染されないようにして、ただ観察し続けるべきなのです。「自我が成り立たない」という真理に達することができた人には、限りのない自由を味わうことができます。自我が成り立たないと発見することは、すなわち覚りなのです。

Q&A……「無我」への疑問に答える

無我についての話をここまで、よく読んでこられました。けれども、無我はわかりやすい教えだという気持ちにはなっていないと思います。知識も智慧も瞬時に現れるものではないのです。投げ出さずに努力し続ける必要があるのです。この本の内容を読んでいるとき、心の中にいろいろ疑問が生じたことでしょう。その中のいくつかに、お答えしましょう。

Q ブッダの教えは勇気を与える

私たちは、自分がいるからこそ頑張れるのだと思います。勉強したり、仕事をしたり、お金を儲けたり、出世したりします。自分を向上させなくてはいけないという自我意識があるから、このようなことができるのです。それを、真理とは自我ではなく、無我だといわれると、何かをしようとする意欲が消えるのではないかと思います。しかし、ブッダの教えによると、無我であるとわかることが、究極の幸福ですね。そうすると、我々の具体的な経験とブッダの教えは、正反対のように感じます。ブッダの教えを理解することで本当に幸福になるのか、説明してほしいのです。

A

ブッダの教えには、微塵も矛盾はありません。無常だからこそ、努力するとそれなりの結果が表れるのです。生まれた赤ちゃんは、無常だからこそ日々成長して大人になるのです。赤ちゃんに永遠不滅の、絶対変わらない魂があると仮に想像してみましょう。母親ならよくわかることです。赤ちゃんの性格は成長とともに変わってゆくのです。好き嫌いも変わるのです。ときどき大人になったわが子を見て、「この人はいったい何者か」などと悩む場合もあります。昔はとても優しい子だったのに、今は暴力を振るっているのだと悩むのです。永遠不滅の魂があったならば、そんなことが起こるはずはないでしょう。

何でも条件によって変わるのだという、ブッダの因縁の教えに従ってこの問題を見てみましょう。人の性格は、まわりの人々の影響によって変わります。幼稚園、小・中・高校などでまわりが変化するので、わが子もその流れによって変化したのです。しかし親としては、社会に迷惑をかける邪魔な人間として成長してほしくない。暴力を振るう乱暴な人間になってほしくない。それなら、まっとうな人間として成長するようにいろいろ手を加えて、環境を変えてあげればよいでしょう。

事実はどちらでしょうか？　人は生まれてから死ぬまで、絶対的に変わらない一貫した性格を持っているのでしょうか？　あるいは、日々、変わるのでしょうか？

人は日々変わるのです。これこそ朗報です。よい方向に変えることができるからです。ですから、ブッダの教えこそが、人々に向上する勇気と、実現できる希望を与えるのです。

人生はシャボン玉

Q

我々はそれなりの勇気を持って頑張っています。悩み苦しみには陥りたくはないと必死です。それでも災害は起こるし、経済状況は悪くなるし、仕事はなくなるし、病気になるし、失望するし、期待が外れるし、文句を言えばきりがありません。「すべて無常だから、そんなのは当たり前でしょう」と言われるかもしれません。せっかく造ったマイホームが津波で流されたのも無常だからといっても、正直、悲しいのです。苦しいのです。無常だなあと言い聞かせても、その悲しみは絶えません。

A

まず、物がなくなったらどの程度で悲しむのかを計算してみましょうか。とても失礼にあたるのは承知のうえで、次のような例を出します。

私はこのように言います。「あなた、知っていますか？　今日、火事で家が一軒全焼したというニュースが流れました」。この話を聞いたあなたは、「何を言っているんだろう。そんなこと当たり前のことでしょう。よくある話なのに」という気分で無関心でいる。それから私は、「火事は○○区で起きた」と言う。あなたもその区の住民です。微妙に興味を持ちます。でも無関心です。次に私は「○○区の○○町」と言う。あなたはその町の住民なので、さっきよりは少々興味を持ちます。しかしそれほど気にしません。次に私は「○○町の○丁目○番地」と言います。それはあなたの住所なのです。では反応はどうでしょうか？　他人の家が全焼したと聞いても、当たり前の常識的な出来事なので驚くには値しません。しかし、その家が「私の家」であるならば、突然、途方に暮れてしまうでしょう。頭が真っ白になるでしょう。もしかすると、気を失うかもしれません。

これは強引に作ったたとえ話ですが、言いたいポイントがあります。物事は無常で変化しても、我々は気にしません。しかし、その変化するものが「どの程度、私のものなのか」によって悩み苦しみが起こるのです。たとえば、九十五歳のおじいさま、おばあさまが亡くなったら悲しいでしょう。しかし、その悲しみは元気なわが子が亡くなったときの悲しみと同じではありません。おじいさまの場合は、年をとって身体も弱っていたので、いくらかはあきらめもつきます。一方、わが子に対しては大いに期待して、将来の夢を見ていたのです。あきらめるどころではなく、徹底的に執着していたのです。

ですから、人に悩み苦しみを与えるのは、無常ではありません。無常は常にある現実です。無常たる現象に執着があるならば、その執着の程度に合わせた悩み苦しみが起こるのです。ですから、成長しよう、出世しようと努力するのはかまわないが、その成功に対して執着してしまうことが、危険なのです。

ここで無我の教えは役に立ちます。人生は泡沫《うたかた》のように、シャボン玉のように見たほうが心は安らぎます。

人生とは瞬間、瞬間で変わるものです。悲しみも楽しみも瞬間の出来事です。価値がある経験、感覚だと思うものも瞬間で消えるのです。現象には執着するに値するものはありません。

すべてがあっという間に消えるのですから、取ろうとしてもそのときにはもう消えているのです。それはシャボン玉と同じです。「ああ、なんてきれいなんだろう」と言った瞬間に消えてしまいます。ですから、取らないほうが、執着しないほうがいいのです。執着しなくても、シャボン玉の美を楽しむことには何の障りもありません。

人生は泡沫のようなものです。とらわれることで、執着することで、得るのは悩み・苦しみのみです。

自分のものでないのに、この国は私の国だと思う。自分の家でもないのに、この家は私の家だと言う。「これは私の家族だ」「これは私の身体だ」と。しかし、なにひとつ、「私の〜」と言えるものはないのです。私の身体だと言ったところで、流れる川のように、勝手に変わってしまいます。

自分のものでないものに、自分のものと言って苦しんでいるだけです。ですから、無常がわかり、無我がわかり、「人生は泡沫のようなもの」「すべてはシャボン玉のようなものだ」とわかると、大変な安らぎを感じるのです。

無我を認識する瞬間

Q

仏教を学ぶと、無常・苦・無我の話を徹底的に教えられます。無我を理解するのは少々難しかったのですが、苦と無常は、我々の日常の経験に照らし合わせると「それはそのとおりでしょう」という気がします。理解している気がします。しかし、心の状況は変わりません。私はそのままです。お釈迦様は、無常・苦・無我を発見したことで、覚りに達しました。心が清らかになりました。煩悩が消えました。何が違うのでしょうか？

A

人間の理解とは、頭で理解することです。もう一つ、理解の仕方があります。それは経験することです。

このことを蜂蜜の話でご説明しましょう。蜂蜜を見たこともない人に、蜂蜜について教えてあげます。ミツバチの話、花蜜の話、花蜜が蜂蜜に変わるときの工程の話をしてあげます。それから、一番大事なことは、蜂蜜の味について語ります。一年も費やしてその人に蜂蜜について様々な講義をしてあげて、知識を増やしてあげます。蜂蜜に対して立派な知識人にしてあげます。しかし、その人はまだ、現物を見ていないのです。味わってはいないのです。蜂蜜とはとても美味しいものだなあと、頭で、知識で知っているだけです。一年も費やした講義をやめて、小さじ半分ぐらいでもいいから蜂蜜をなめさせたらいかがでしょうか？　言葉はいりませんね。その人は蜂蜜の味を知ったのです。

物事を理解するときは経験で理解することに勝る理解方法はないのです。経験したことに「忘れました。間違いました。元に戻りました」などは成り立ちません。人間はたくさんのことを勉強しますが、年を経るとほとんど忘れます。しかし、経験したことは簡単には忘れ去れません。

仏教で教える「無常」の話は、知識の刺激を目指して語っているのではない。議論するために課題を提供するのでもない。人間の知識に新たな知識を加えるために教えているのではない。無常・苦・無我とは、経験するものです。実践するものです。ですから、無常・苦・無我の話は、実践する人に対するガイドブックにすぎません。旅行ガイドブックと旅行そのものはかなり違うでしょう。お釈迦様が説かれた観察を実践すると、無常・

苦・無我を経験できます。

観察の実践も他の実践と同じく、徐々に成長させなくてはいけません。最初は誰でも日常的な知識能力で観察します。徐々に集中力を上げて明細に観察するのです。かなり高いレベルで、一切の思考妄想をストップして観察できるようになると、無常に目覚めていきます。その人は無執着に興味を抱くのです。

観察瞑想を実践して、集中力を上げ、因果法則が見え、存在のからくりが現れてくると、心は無執着のほうへと赴きます。無執着に達するのです。現象がありのままに見えてくるときの状態を、お釈迦様は、「pātu《パートゥ》 bhavanti《バワンティ》 dhammā《ダンマー》（法があらわになるとき）」と表現しています。そこで一切の疑が消え、心は解脱に達するのだと説くのです。

集中力を上げて観察すると、ありのままに現象を認識することができます。無常を経験します。そして実践者は、煩悩が起こらない状態を期待するようになります。存在とは固定し止まったものではなく、川の流れのようだと経験するのです。今までの理解と、無常を発見したときの理解は相当違います。発見したという気持ちは巨大な力です。「発見した」という力は、心を無執着状態に変えてしまう。それが解脱です。無常を発見すると、無執着の状態を期待します。心は無執着なので、当然ながら欲も怒りも起きない心になっているのです。欲と怒りは執着がある心に現れる現象です。無常を発見したから、無智もない。要するに、貪瞋痴がない心が現れる。それが、解脱です。

無常を知る世界から、無常を経験する世界に入らなくてはいけないのです。

Q お釈迦様の教えのメインテーマ

お釈迦様の四十五年間の仏教生活では、いろいろな人に様々なテーマで説法をされたと思います。その説法を記録しているパーリ経典も膨大です。お釈迦様の教えのメインテーマは何でしょうか？

A

少し長いですが、お釈迦様の言葉を紹介しましょう。

アッギヴェッサナよ、私はこのように弟子たちをいましめます。このように、頻繁に語ります。「比丘たちよ、色は無常、受は無常、想は無常、行は無常、識は無常です。また、色は無我、受は無我、想は無我、行は無我、識は無我です。諸行は無常です。諸法は無我です」と。*

私はこのように教えていますよと、お釈迦様はあるところで見事にまとめています。これはマッジマニカーヤ（中部）三十五番目の経典で、「チューラサッチャカ・スッタン（薩遮釈迦小経）」といいます。日本語の訳文もありますから、読んでみると面白いでしょう。内容はとても難しいですが、面白く書いてあります。

---

*"Evaṃ kho, aggivessana, bhagavā sāvake vinethi, evaṃbhāgā ca pana bhagavato sāvakesu anusāsanī bahulā pavattati – 'rūpaṃ, bhikkhave, aniccaṃ, vedanā aniccā, saññā aniccā, saṅkhārā aniccā, viññāṇaṃ aniccaṃ. Rūpaṃ, bhikkhave, anattā, vedanā anattā, saññā anattā, saṅkhārā anattā, viññāṇaṃ anattā. Sabbe saṅkhārā aniccā, sabbe dhammā anattā'ti. (M.I, 229)

Majjhima Nikāya, Sutta（No. 35, Cūḷasaccakasuttaṃ）

輪廻転生は事実です

Q

お釈迦様は輪廻転生の話をしなかったと、日本の仏教学者の方々は論じています。輪廻転生の話は、後で経典に付け加えられた考えだといいますが、それは本当でしょうか？

A

お釈迦様は無我について説法したが「無我論」は語らなかったと、本書の冒頭でも書きました。当時の人々は、自我があると言い張っていました。人間は前提として、自我があると信じている。お釈迦様は客観的に物事を観察して、自我があるかないかを調べたところで、自我は成り立たないと発見した。だから、自我があると言っている世界に対して、現実は、真理は、無我だと説いたのです。

正しく言えば、「これは私である。これは私のものである。これは私の我である」と言えるものは、何を調べても見つからない、ということです。様々な思想で混乱している世界に、無我論という新しい思想を加えるつもりはありませんでした。真理は無我ですが、お釈迦様は無我論者ではないのです。

輪廻転生についても、同じです。

インドの人々は、「永遠不滅の魂は身体が壊れても別なところに流転する」と思っていたのです。しかし皆一貫して、同じことを言ったわけでもない。古いバラモン教では、死者は祖霊界に行くのだと思っていました。直系の息子が儀式を行って、祖霊界にいる霊に、生存するために必要なエネルギーを送らなくてはいけないと言って、派手にその儀式を宣伝していたのです。このレベルでは、魂は永遠不滅という考えは定まっていなかったようです。血縁関係の子孫がいなくなって儀式を行えなくなったら、祖霊界にいる霊はどうなるのか、という疑問も生じました。そこで栄養を失った魂が消えてしまうのだ、という考えもありました。

また思想が発展します。霊が完全に消えてしまうはずはない、祖霊界でこの世から送るエネルギーがなくなったら霊はこの世に再び戻る、という思想が現れました。そうすると、戻るならばどのような形で戻るのか、という疑問が起きます。いろいろ考えが現れました。植物として再生する、動物としても再生する、人間としても再生する、等々です。昔のインド人の間では、地獄の話はそれほど人気がなかったようです。しかし、悪行為をする人々も死後、同じ結果になるのだと思うのはマズイ。そこで地獄も必要になるのです。地獄があると思ったところで、死者を地獄に送るのか、天国に送るのか、という判断を下す役割も必要になるでしょう。そこでヤマ（閻魔《えんま》）という神を創造した。これはバラモン教の伝統の中での話です。

バラモン教徒以外の宗教の人々も、自分なりの死後の世界を想像しました。ジャイナ教は、「魂は限りなく流転する」という教えでした。流転するときは、人間にも動物にも植物にも変わるようです。苦行をして魂を浄化しない限り、流転は止まらない。

アージーヴィカという宗教グループの中には、決定論を語る人がいました。曰く、各魂に流転する回数が平等に決まっている。どんな生命も決まっている回数、王になったり、一般人になったり、修行者になったり、動物になったり、神になったりして、流転する。その回数が終わったら、生命は誰でも平等に終了する、といった説です。

転生のことをいろいろ語る人々に反対して、人は死んだら土に戻るのだ、それ以外、何もないのだ、という唯物的な思想を持つ宗教家もいました。このように、様々な互い違いの輪廻転生論が百家争鳴状態の時代でした。このような時代の中で、お釈迦様は真理を発見された。輪廻転生があるか否か、うかつに簡単に語られる状態ではなかったのです。

試すことも調べることもなく、思考だけを働かせてつくり出す様々な概念は、妄想以外の何物でもありません。お釈迦様の時代の宗教家が語った転生の考えも、妄想の産物以外の何物でもない。お釈迦様が発見した真理によれば、「魂が輪廻転生を通して流転するどころか、現実として永遠不滅の魂もあり得ない」という答えになりました。

そこから、「輪廻はない」と推測するのは至って簡単ですが、そこが落とし穴です。物事は完全に断滅するのだ、という意味になります。これは現実ではありません。

お釈迦様は無常を発見したのです。無常とは、変化し続けることです。変化し続けることは、変化しない何かがあったら成り立たない。お釈迦様が「無我です。無常です」と言うと、それは断滅論だろうと批判を受けたこともありました。お釈迦様の反論は微妙です。ある視点で見るならば、如来は断滅論だと言ってもかまわないと説きます。それは、貪瞋痴の断滅、悪の断滅、煩悩の断滅をしなさいと説いているポイントです。人間の理解能力の範囲があまりにも狭かったので、お釈迦様は批判する人を非難せずにからかったのです。

お釈迦様が生命のありさま、世界のありさまとして発見した法則は、因果法則です。すべての物事は、因縁によって現れて、因縁が消えたところで消える。因縁論によると、断滅論とは極論であって、間違いなのです。

現代の仏教研究者の方々が「ブッダは輪廻転生を語らなかった」と言うのは、ご自分たちの研究発表というより、主観的な感想にすぎません。ご自分の好みをブッダの言葉で代えようとしているだけです。もしお釈迦様が輪廻転生を認めなかったならば、個は死後断滅するのだ、という結論になります。厳しく道徳や修行方法を語って解脱を推薦するお釈迦様が、断滅論者だという証拠は経典には一つもないのです。

「輪廻はないと主張するための証拠は一個も見つからない。ゆえに輪廻はない」などと、学術的に言えたものではありません。輪廻転生を語った経典はあまりにもたくさんあります。苦しみは際限なく続くのだ、執着を絶たない限り苦しみは終わらないのだ、というのが仏説です。

お釈迦様が輪廻転生を語ったのです。しかしこれはインドの宗教家が妄想していた「魂の流転論」に合わせたわけではありません。個の輪廻転生は、お釈迦様が覚りの智慧で発見した事実です。ただ、人間の五感に頼った認識範囲では理解は難しいと言われているのです。因果法則を発見すると、誰にでもこの結論に達することができます。わからないからといって、信仰するべき概念でもないのです。

お釈迦様は輪廻転生を説かれました。だからこそ、修行して解脱に達しなくてはいけないのです。しかし仏教は、輪廻転生を宣伝する教えではありません。仏説とは、輪廻転生論でもありません。

ミリンダ王とナーガセーナ長老の問答

Q

変わらない魂があると仮定するならば、輪廻転生は確実にあると推測することができます。しかし、仏教は無我論です。ですから、輪廻転生を否定したほうが論理的ではないでしょうか？

A

いいえ、この理論はまったく成り立ちません。絶対的に変わらないものがないからこそ、変化しつつ現象は流転するのです。種が変わって消えるからこそ、芽が伸びる。芽が変わるからこそ、枝葉が茂ったり、幹が伸びたり、花が咲いたり、実ったりする。この変化の流れは、絶対的に変わらないものが何もないから起こるのです。種の中に絶対的に変わらない何かがあったら、それはそのまま残るはずです。種を原因にして、木が現れて、実ります。物事は変化し続けて流転するが、流転する実体はないのです。

現代の知識を駆使して、このように反論することもできます。「種の遺伝子は木にも葉っぱにも枝にも木の実にもあるのではないでしょうか？

遺伝子は魂のように流転したのではないでしょうか?」

しかし、この考えも甘いです。現代の知識から考えても、遺伝子そのものの寿命は面白いほど短いものです。遺伝子が壊れて、その代わりに新しい遺伝子を作ります。アミノ酸を作るために必要な材料をいろいろ取り入れる。細胞が壊れて新しい細胞を作るときに必要な材料は、いろいろな方法で取り入れます。新しい細胞は壊れた細胞のコピーですが、同一ではありません。

紀元前二世紀後半の頃、西北インドで起きた対話があります。ミリンダ(メナンドロス)というギリシャ系の王が、ナーガセーナ長老に尋ねた有名な問答(『ミリンダ王の問い』)です。ミリンダ王は、「魂がないならばどうやって輪廻転生が起こるのか?」「今ここで自分がした行為の報いは、どうやって死後、受けるようになるのか?」等々、たくさんの問いを発しました。ナーガセーナ長老は、様々なたとえを駆使して答えました。そのやりとりをいくつか紹介しましょう。

ミリンダ 「尊者ナーガセーナよ、人が死んだ場合、(輪廻の主体が)転移することなく、しかもまた生まれるのですか？」

尊者「大王よ、そうです。（輪廻の主体が）転移するのではなく、しかもまた生まれるのです。……たとえば、ある人が一つの灯火から他の灯火に火を点ずる場合に、灯火が一つの灯火から他の灯火へ転移するでしょうか？」

ミリンダ「尊者よ、そうではありません」

尊者「大王よ、それと同様に、（一つの身体から他の身体に主体が）転移するのではなく、しかもまた生まれるのです」

ミリンダ「さらにたとえを述べてください」

尊者「大王よ、あなたが幼かったときに、詩の師匠のもとである詩を学んだことを、自分で憶えておられますか？」

ミリンダ「尊者、そうです（憶えています）」

尊者「大王よ、その詩は、師からあなたに転移したものなのですか？」

ミリンダ「尊者よ、そうではありません」

尊者「大王よ、それと同様に、（一つの身体から他の身体に主体が）転移するのではなく、しかもまた生まれるのです」

ミリンダ「もっともです、尊者ナーガセーナよ」

輪廻の主体がないなら、業の報いもないのではないか、という質問も出ました。

ミリンダ「尊者ナーガセーナよ。もし、この身体から他の身体に転移するものが存在しないならば、悪業から免れることになりませんか？」

尊者「大王よ、そうです。もしも、次の世にまた生まれるのではないならば、悪業から免れることになるでしょう。しかし大王よ、次の世にまた生まれるがゆえに、悪業から免れることにはならないのです」

ミリンダ「たとえを述べてください」

尊者「大王よ、ある人が、他のある人のマンゴー樹の果実を盗んだとしましょう。その男は、罰を受けるべきでしょうか？」

ミリンダ「尊者よ、そうです。彼は罰を受けるべきです」

尊者「大王よ、その男は、他の人が（その果樹園に）植えたマンゴーの実と同一のマンゴーの実を、盗んだのではありません。どうしてその男は罰を受けるべきでしょうか？」

ミリンダ「尊者よ、（彼が盗んだマンゴーの実は、他の人が果樹園に植えた）それらのマンゴーによって、生じたものです。そのゆえに、彼は罰を受けるべきです」

尊者「大王よ、それと同じく、人はこの（現在の）心と身体によって善あるいは悪の行為をなし、その行為（業）によって、他の新しい心と身体が次の世にまた生まれるのです。そのゆえに、彼は悪業から免れないのです」

ミリンダ「もっともです、尊者ナーガセーナよ」

このように、無常だからこそ輪廻転生、業の果報もあり得ると、昔から説明されています。

今紹介したエピソードは、当然、お釈迦様の時代ではなく、後代に起きた出来事です。その時代に、輪廻はあるか否かを議論したから、このように答えたのです。お釈迦様の説法になると、輪廻はあるか否かという議論は出てきません。輪廻転生はお釈迦様が覚りの智慧で発見した事実ですが、お釈迦様には輪廻があると証明しなくてはいけない、という義務はなかったのです。

無我と輪廻転生は切っても切れない

Q

無我と輪廻転生という二つは、それほど相性がいい概念だと思えません。どう理解すればよいのでしょうか？

A

お釈迦様は、生きるとは何か、という課題に答えを探していました。そこで、すべての物事は因縁により生じて、因縁がなくなると滅する、という因果法則を発見したのです。

因縁により現象が生じるので、変化しない我はないことが明確です。しかし私たちには、「私がいる」という実感があります。その実感は、原因があって起こるものです。この原因が消えたら、実感も消えてしまうのです。「私がいる」という実感は、六根という感覚器官にデータが触れるから起こるものです。物事を見ていると、「私が見ている」と思ってしまう。音を聴いていると、「私が聴いている」と思ってしまう。何かを考えていると、「私が考えている」と思ってしまう。このように起こる無数の感覚を合わせた概念が、「私がいる」という実感です。

それは、瞬間瞬間に変化していく長いプロセスをまとめて理解したにすぎません。一つひとつの感覚を観察すると、無常であること、因縁によって起こることが見えてくるのです。次に見えてくるのは、このプロセスが絶えず起き続けていることです。眼があると、対象があると、眼識が起こります。それで終わりません。見えたのは何かと思考するのです。それで終わりません。思考すると、好き嫌いなどの感情が起こるのです。それでも終わりません。感情は感情を引き起こし、思考は新たな思考を引き起こすのです。

因果法則を省略的に理解する方法があります。Aという原因によってBという結果が生まれたとしましょう。次にBという現象が因になってCという現象をつくるのです。要するに、因は果をつくる。次に、果が因になって別な果をつくります。一つの現象が、いくつかの因の果でありながら、別な結果をつくり出すための因の役もしているのです。

リンゴの木があるからリンゴの実が現れる。人がそのリンゴの実を食べたからといって、因果の流れが消えてしまったわけではありません。リンゴは永久的に消えました。しかし、リンゴを食べたその人に、様々な変化が起こるのです。美味しいと感じたり、満腹になったり、元気になったりするのです。リンゴの実は、リンゴの木の果ですが、リンゴは果だけで止まらなかったのです。そのリンゴは、人が美味しく感じること、満腹になること、元気になることとの原因にもなっているのです。Aという因がBという果をつくり、Bが因になってCという果をつくります。次はCの番です。Cが因になって、Dという果をつくるでしょう。

このように観察すると、現象は限りなく変化し続けることがわかります。ですから、無我と輪廻転生は、切っても切れない関係です。無我だから、輪廻転生なのです。

万物流転と輪廻転生

Q 無我なら個はいないのでしょうか？　個がいないとするならば、輪廻転生とは単なる宇宙の万物の変化と同じ働きではないでしょうか？

A これは簡単に「ある、ない」というふうに答えることはできません。「個はいる」とも、「個はいない」とも言えないのです。「個はいる」と言えば、実体として存在するという極論になります。「個はいない」と言えば、何もないという虚無の極論になります。仏教は極論ではなく、中論なのです。「これがあるからこれが生まれる」というブッダの教えは、因縁論とも中論ともいわれます。

一切の現象は因縁において変化し続けるので、実体として我が成り立たない。それを無我という言葉で表現していますが、「我がありません」というよりは、「我は成り立ちません」と言ったほうが言葉的には正しいかもしれない。結局は成り立ちませんといっても、それは「ない」という意味なので、何の差もありません。

「個はいるのか？　いないのか？」と訊かれれば、「個は成り立ちます」と答えられます。

各生命には、それぞれ別々な身体があります。各身体に別々に感覚器官がついている。各感覚器官でそれぞれ別の感覚を得たり、感情をつくったり、思考したりするのです。二人で同じ絵画を見ることにしましょう。私には私の眼識が起こるし、あなたにはあなたの眼識が起こるのです。楽しみも感情も、それぞれ別々に起こるのです。私が何を感じたかあなたは知らないし、あなたが何を感じたか私は知らない。「きれいですね」と二人で頷いても、相手の気持ちを感じたわけではありません。そういうことで、個は当然、成り立つのです。しかし、実体として変わらない個は当然、存在しない。因縁によって現れたり消えたりする流れが、個と名付けられるだけです。

個の感覚の流れを入れ替えたり、他の人にやってもらったりすることは不可能です。「私の代わりに見てください」と言っても、私が見ることにはなりません。私の代わりに他の人に勉強してくださいと頼んで、その人も真面目に勉強したからといって、私の頭がよくなることはありません。あくまでも個は個です。個の行為によってその個が様々な感覚を受けるのです。輪廻転生の話は、個の変化の流れの延長なのです。

身体の物質は変化し続けて、死で地球に戻ってしまいます。物質にも変化し続ける流れがあります。しかし物質の場合は、個という概念はないのです。感覚があるときだけ、個という概念が「成り立つ」のです。

前に説明した因果法則の話によると、因から起こる果がまた因になってしまいます。物質とまったく違う働きをする感覚の流れ、認識の流れ、感情の流れにも、因果の流れがあるのです。今の思考は前の思考の果であり、次の思考の因になります。今の感情は前の感情の果であり、次の感情の因にもなります。けっこう複雑な働きです。

わかりやすくまとめてみると、このように言えます。「今の心は次の心をつくります」と。生命が死ぬのは、物体の機能がストップすることではありません。感覚機能がストップすることです。身体は機械なので、感覚がなくなっても機械を駆使して、植物として生かすこともできます。人の身体から取った皮膚などは、病院で培養して移植治療に使います。だからといって、生きているわけではない。感覚がなくなったので、死んでいるのです。

因果法則は現実であり、真理です。ある物体の中で機能した心の流れが、ある時点でストップする。しかし、一つの心が消えると、それが原因で新たな心が起こる。その流れのおかげで生きてきたのです。ですから、この肉体の中で心が最終的にストップになっても、「心が消えること」が原因になって新たな心が必ず起こります。しかしその心は、この肉体の中では起こり得ません。この肉体があまりにも壊れかけているので、心には生滅の変化を続けるために適した場所ではなくなったのです。ですから次の心は、別なところで起きなくてはいけない。これが仏教の語る輪廻転生という現象です。

新たに何かが現れるときも、ただ前の現象が消えるだけではエネルギーは足りません。細胞分裂の法則で考えてみましょう。細胞が分裂するということは、壊れたという意味でもあります。しかし新たな細胞が生まれるのです。同じ細胞が分裂して、新たな細胞が二つ生まれたとするならば、新たな細胞は前の細胞の半分になるはずです。さらに細胞分裂しても、細胞の数が増えるが、質量は同じになるはずです。実際はそうではありません。一個の細胞が二つになると、大きさも質量も倍になっている。ということは、外から何かを取り入れなくてはいけないのです。肉体の場合は、栄養をとることが新たな細胞を作るための材料になるのです。

心の場合はどうなるのでしょうか？　心が消えても、新たな心は二つ生まれません。もしそうであるならば、大変な結果になります。人が一年生きていると、数えられないほど無数な心の流れができることになります。個が突然、多数の個になったような感じです。しかし、百年生きていても、心の流れは一本です。一つの心が消えると、新たな心が一つ、生まれるのです。

それならば、新たな心に外から材料を入れる必要はないでしょう。そう言えば、そうです。しかし、新たな心をつくるためには、エネルギーが必要です。ただ、死んでゆく心の中に、感情・意欲・業として、大量のエネルギーが溜まっているのです。新たな心をつくるために必要なのは、わずかなエネルギーです。眼耳鼻舌身意から情報を取り入れることで、心は常にエネルギーを補給し続けています。

身体が壊れたり、病気になったり、怪我をしたりすると、復活できるかできないか、という心配はあります。心の場合は、それとまったく違う法則です。常にエネルギーを補給していて、あり余るほどエネルギーが溜まっているのです。ですから、いとも簡単に一つの心が消えると次の瞬間に新たな心が起きてしまう。風邪をひいた人は、そのうち簡単に治るだろうと思って心配しないでしょう。しかし、心配してください。治らない可能性もあります。そのまま風邪が悪化して、死ぬ可能性もあるのです。心の場合はその心配はまったくありません。一つの心が消えると、必ず次の心が起こるのです。身体が壊れても、次の心が起こります。瞬間瞬間、心に溜めてゆく業のエネルギーは無量なのです。

お釈迦様の時代、「生命は輪廻転生してやがて自動的に解脱に達する」と説く宗教家がいました。悪業も善業も、転生によって使い切れると思っていたのでしょう。それは勘違いです。人は転生によって解脱に達しないと、仏教は断言するのです。心のエネルギーが増えることはあっても、減ることはないのです。美味しくご飯を食べると、楽しくなって元気になります。それは心の栄養になります。食べるご飯がなくなると、空腹感で苦しむことになります。身体が弱くなります。しかし心はこの状況も自分の栄養にするのです。善いことをするのも、悪いことをするのも、心にとってはエネルギー補給なのです。心の法則とはかくの如しなので、輪廻転生とは当たり前すぎるにも程がある話になります。

輪廻転生の理解には「因果法則の発見」が必要

Q しかし理解するのは難しいです。

A 当然です。輪廻転生を理解するためには超越した智慧が必要です。因果法則の発見が必要です。五根（眼耳鼻舌身）の情報に限られた思考では、理解するのは難しいでしょう。現代人の知識範囲で理解できないからといって、輪廻転生はあり得ないという証拠にはなりません。それでは「私に見えません。ですから存在しません」という話と同じです。

この世の中で何を観察しても、無常で変化していることがわかります。それは変化です。完全に消える、という意味ではありません。

ついでに考えてほしいポイントがあります。一つの現象が消えて新たな現象が起こりますが、「消えた現象は永久的に消えたのであって、再現することはない」ということです。

子供が消え去って大人になるのであって、子供に戻ることは永久的にあり得ない。今の瞬間は、今の瞬間で終わります。次は、別な瞬間です。「一期一会」というのは、この話です。同じ人に二度と会うことはあり得ない。夫婦が仲良く四十年間も一緒に生活していたといっても、同じ人に二度会ったことはない。ただ私たちには観察能力がないから、集中力がないから、主観・妄想に耽っているから、わからないだけです。観察能力を上げて、集中力を上げて瞬間を観ると、一期一会の真理を発見するのです。

業ではなく愛着をなくせ

Q

一期一会の話は努力すれば理解できそうな気がします。しかしまだ、輪廻の話はひっかかります。心は生滅変化するためにエネルギーが必要でしょう。そのエネルギーも無量に溜まっているでしょう。六根から情報をとるたびに、新たなエネルギーが生まれるでしょう。それでは結論として、解脱は不可能で、あり得ない話になります。生命は輪廻転生するのみです。解脱をあきらめたほうがよい、ということになりませんか?

A

面白い質問です。しかし興味深い質問ではありません。お釈迦様の時代、「解脱の境地は、生命の苦しみに対する正しい解決である」と認めながら、「しかし解脱に達することはあり得ない、不可能である。お釈迦様一人だけに突然起きた現象に過ぎない」という立場をとるバラモンがいました。そのバラモンが、お釈迦様に挑戦したのです。「もしあなた以外、たった一人でもその境地を経験したのだという証拠があれば、私はあなたの教えを認めます」という挑戦です。お釈迦様は、「一人で充分なのですか？　十人、二十人、五十人、百人、二百人、五百人などではいかがでしょうか？」と、逆に訊きました。解脱に達した比丘たちの数は千人単位で数えなくてはいけないのだ、解脱に達した比丘尼たちの数も千人に上るのだ、解脱に達した優婆塞・優婆夷（男性在家信者・女性在家信者）も百人単位で数えなくてはいけないのだ、と答えたのです。

心は、輪廻転生を司るエネルギーを無量無制限に持っていながら、新たなエネルギーも無制限に蓄え続けているのです。しかし、解脱は簡単に達せられる境地であると、お釈迦様の答えから推測できるでしょう。

たとえで説明します。ある人が竹で編んだザルを持って、蜂蜜を探しに出かけたとしましょう。大量に蜂蜜を詰めたいのです。森の中でミツバチを見つけて、蜂の巣を搾って蜂蜜をザルに流しこむ。その人が十年間も森の中でこの作業を続けたとしましょう。では蜂蜜を何リットル溜められたのでしょうか？　答えはゼロです。ザルに蜂蜜を入れても入れても、溜まらないのです。

我々の心には愛着・執着という煩悩があります。ですから、何も捨てたくないのです。古いアルバムに愛着がある限り、大事にする。愛着が消えて嫌になったら、たちまち燃えるゴミとして捨てる。心に愛着・執着があることは、よくおわかりでしょう。それがある限り、心には輪廻転生を司る業のエネルギーが溜まる。無量に溜まる。際限なく溜まるのです。しかし愛着・執着をなくした瞬間に、すべてのエネルギーはあっけなく漏れてしまいます。輪廻転生がそれで終わります。

ガラスでできた巨大な水筒があるとしましょう。そこに大量の水が入っています。では、そのガラスの水筒に石を一個投げてみましょう。ガラスが割れます。水はどうなるでしょうか？　このたとえの水筒の中にある水は、業というエネルギーと考えてください。水筒そのものは愛着・執着だと理解してください。

仏教は業を消すことを教えていないのです。それは仏教が邪教だと思っていたジャイナ教の教えです。業を消すなんてことは成り立たないと、仏教は語るのです。愛着・執着をなくせと説かれているのです。

無執着と無常はコインの裏と表

Q 理論は一応、わかります。もし「愛着・執着をなくせない」と言ったならば、どう答えるのでしょうか？

A あなたにお年玉として、一キロの米を炊いてご飯をあげます。あるいは、一キロの米をあげます。あなたはどちらを選ぶでしょうか？　恐らく、「ご飯は要りません、米をください」と言うでしょう。

理由があります。一キロの米で炊いたご飯は、量的にはたくさんです。食べきれません。捨てるはめになります。米は必要な分だけ炊けばいいのです。正しく保管しておけば、一年以上でも持たせることができます。ですから、この場合はご飯より米に「価値」があるのです。このように、価値があるところに、執着するのです。無常の立場から観ると、ご飯の無常は早いでしょう。米の無常は遅いでしょう（一般論です）。無常が遅いと思われるものに価値が生じて、執着に値してしまうのです。最近、日本の経済不振を気にした人々は、金《きん》を買うことにしたようです。お金《かね》を払って、金を買っておくのです。その理由は？　お金の価値は日々変わります。しかし、金塊の価値はそう簡単に変わるものではありません。

それである法則が見えてくるでしょう。ものは無常ですぐ変化して消えるならば、価値がないのです。変わらないものには価値があるのです。当然ですね。あなたに車を買ってあげるよりは、土地を買ってあげたほうが、家を建ててあげたほうが、大いに喜ぶに決まっています。車をもらっても、その味は長くても五年程度でしょう。土地をもらったら、子供にも孫にも、もしかすると曾孫にも使えるかもしれませんね。

愚かな人間たちは、この世で何が消えても魂だけは消えない、死なない、永遠だと恐ろしい錯覚に陥っています。言い換えれば、自分の命にこの上のない価値を付けたのです。しかし、命といってもそれが何かとわかっていないので、命とは肉体だと思っています。死後、永遠の天国に生まれて究極の幸福に満たされるのだと真剣に真面目に信仰している人々は、わずかな理性でもあるならば、早く死んだほうがいいに決まっているでしょう。

しかし、死にたくない、一日でも生き延びたい、天国行きは延期したいのです。この愚かさとは何なのでしょうか？

無執着と無常はコインの裏と表のようなものです。無常であるものには執着しません。価値がないからです。シャボン玉は無常ですから執着しないでしょう。しかし石鹸はシャボン玉ほど無常ではありませんね。シャボン玉に無執着の人は、石鹸に執着するのではないでしょうか？　あなたには毎日、ゴミ箱に放り込むものと、冷蔵庫に放り込んで保管するものという二種類があるでしょう。ゴミ箱に放り投げるものには、価値がない・執着もしない・早く離れたい。冷蔵庫へ放り込むものには、価値がある・執着をする・早く変わるのを止めるために冷やしておく。

日常の経験から、無常の変なバージョンを説明しました。でも本当は、無常に早い遅いはないのです。俗世間では、大豆の寿命は長いし、豆腐の寿命は短い。一般的な日本語では、「足が早い」という言葉を使っていますね。その言葉を初めて聴いた私は、「豆腐に足なんかないだろう」と思いましたが、意味が違っていました。

仏教が語る無常には、早い遅いはないのです。すべての物質はある一定のスピードで変化します。ここでいう物質とは、地・水・火・風のことです。他方、心は物質とは比較にならないほどの速さで変化してゆくのです。だから、物質にも、心にも、価値がない。価値があると錯覚しているのは、一切は無常だとわかっていないから、発見していないからです。要するに、無智だからです。観察してみましょう。一切は無常であると必ず発見するのです。同時にすべての現象に何の価値もないとわかってしまう。それで自ずと、心から執着が消えるのです。

理論的に人は執着を捨てるべきです。執着こそが悩み苦しみの原因なのです。しかし実践的には、「執着しません、執着しません」と思っても、そう簡単に執着は消えるはずがない。だから執着を捨てるという目的を持った人は、観察を実行して無常を発見するのです。それで結果として、執着がなくなるのです。

ダンマパダの一七〇偈を読んでみましょう。

Yathā《ヤター》 pubbuḷakaṃ《プップブラカン》 passe《パッセー》, yathā《ヤター》 passe《パッセー》 marīcikaṃ《マリーチカン》;

Evaṃ《エーワン》 lokaṃ《ローカン》 avekkhantaṃ《アヴェッカンタン》, maccurājā《マッチュラージャー》 na《ナ》 passati《パッサティ》.

世は泡沫か陽炎《かげろう》か
我また同じと観る人を
死王も遂に見つけ得ず

「この世は泡沫のようであり、蜃気楼のようである。このように観察すると、死王に会わないですむのだ」という意味になります。死王とは、輪廻転生のことです。解脱に達するのだという意味です。この世が泡沫のようだとわかるとは、この世に価値がないと知ることです。価値が無いものは、執着に値しないのです。執着に値しないならば、執着しない。それが解脱の境地なのです。

無我と無価値

Q

無常の教えから、無我であると発見します。無常・無我という両概念は、因縁の法則を発見するときに達する結論です。因縁の法則によると、物事は断滅にならずに、絶えず変化生滅し続けるのだという結論に至ります。仏教では輪廻転生し続けることを推薦しません。苦を乗り越えるとは、解脱に達することだと説かれています。そして苦を乗り越えるために、輪廻転生を断つために、執着をなくす必要があるのだと、話が進みました。執着を捨てる方法として、無価値の話が出ました。要するに、無我論から無価値論に達するということなのでしょうか？

A

この本では、無我について説明しようと努力してきました。自我とは、宗教家が暇を持て余して妄想した概念にすぎません。お釈迦様が、「事実は自我ではなく、無我なのだ」と発見したのです。自我とは、永遠不滅で何よりも最高の価値あるものを意味します。自分の命を意味します。自分の命に究極的な価値があると思えば、人を殺してでも、罪を犯してでも、生き続けることが善いことになるのです。

しかし命とは儚《はかな》いもので、いとも簡単に朝露のように消えるものです。無我だと発見したことで、命に価値がないと発見したのです。それで今まで心にあった執着が消えてしまうのです。命とは価値のあるものではなく、様々な因縁によって変化し続ける一つの組織に過ぎない。泡のように、いとも簡単に壊れてしまう組織なのです。

確かに、無我の発見は「一切の現象に価値は成り立たない」という結論に導きます。それが執着をなくし、解脱という自由を引き起こすトリガーになるのです。

本書は、サンガより二〇一二年に単行本で、二〇一五年に新書で刊行された作品を、サンガ新社が単行本として新たに刊行したものです。

クラウドファンディングにご支援をいただき、誠にありがとうございました。

本書『無我の見方』は、2023年に実施したクラウドファンディング「スマナサーラ長老『無常の見方』『苦の見方』『無我の見方』を紙書籍で刊行します！」プロジェクトでのご支援によって刊行することができました。

『無常の見方』『苦の見方』『無我の見方』はかつて株式会社サンガから刊行されましたが、2021年1月の株式会社サンガの倒産により、入手が困難な状況となっていました。しかし、これからも多くの人々に長く読み継がれるべき本であると考え、新会社・株式会社サンガ新社が新たな刊行を目指し、クラウドファンディングでのご支援を呼びかけました。

2023年9月30日に「200万円」の目標額を掲げてスタートしたこのプロジェクトは、最終日の11月5日までに、目標額の137パーセントとなる支援額「274万8700円」、支援者数「340人」のご支援をいただきました。

ご支援いただいた皆様、誠にありがとうございました。

このクラウドファンディングでは、書籍の事前予約をはじめ、さまざまなリターンをご用意いたしました。

そのなかで、出版協力者としてお名前を書籍の紙面に掲載するコースをお申し込みいただいた方のお名前を、感謝の気持ちを込めて以下に掲載させていただきます。（敬称略・順不同）

出版協力 ご支援御礼

垣岡 正英

田中 信
森田 真隆
阿部 新一
山本 茂康
角川 裕次
西村 由美子
まいち
丹治 秀和

アルボムッレ・スマナサーラ　Alubomulle Sumanasara

テーラワーダ仏教（上座仏教）長老。一九四五年四月、スリランカ生まれ。十三歳で出家得度。国立ケラニヤ大学で仏教哲学の教鞭をとる。一九八〇年に来日。駒澤大学大学院博士課程を経て、現在は（宗）日本テーラワーダ仏教協会で初期仏教の伝道と瞑想指導に従事している。朝日カルチャーセンター（東京）講師を務めるほか、ＮＨＫ Ｅテレ「こころの時代」「スイッチインタビュー」などにも出演。著書に『サンユッタニカーヤ　女神との対話　第一巻』『スッタニパータ「犀の経典」を読む』『ダンマパダ法話全集　第八巻』『ヴィパッサナー瞑想　図解実践―自分を変える気づきの瞑想法【決定版】』（以上、サンガ新社）、『怒らないこと』（だいわ文庫）、『心は病気』（ＫＡＷＡＤＥ夢新書）、『ブッダが教える心の仕組み』（誠文堂新光社）、『ブッダの教え一日一話』（ＰＨＰ文庫）、『70歳から楽になる』（角川新書）、『Freedom from Anger』（米国Wisdom Publications）など多数。

日本テーラワーダ仏教協会
http://www.j-theravada.net/

無我の見方

「私」から自由になる生き方

二〇二三年十二月十五日　第一刷発行

著　者　アルボムッレ・スマナサーラ

発行者　佐藤由樹

発行所　株式会社サンガ新社

〒九八〇‐〇〇一二　宮城県仙台市青葉区錦町二丁目四番一六号八階

電話　〇五〇‐三七一七‐一五二三

ホームページ　https://samgha-shinsha.jp/

印刷・製本　創栄図書印刷株式会社

©Alubomulle Sumanasara 2023

Printed in Japan

ISBN978-4-910770-74-1

本書の無断複製・複写は、著作権法上の例外を除いて禁じられています。

落丁・乱丁本はお取り換えいたします。

サンガ新社　書籍案内

WEBでのご注文	https://online.samgha-shinsha.jp/items/ 〔サンガオンラインストア〕
お電話でのご注文	050-3717-1523〔株式会社サンガ新社〕
メールでのご注文	info@samgha-shinsha.jp〔株式会社サンガ新社〕

サンガ新社の書籍は、上記からのご注文の他、Amazonなどのオンライン書店や、全国の書店からもご注文いただけます。

仏教の最重要語「無常・苦・無我」の本当の意味がわかる。
『無常の見方』『苦の見方』『無我の見方』3冊同時刊行！

定価：本体2,000円＋税
四六判／並製／308ページ
ISBN978-4-910770-72-7

無常の見方

「聖なる真理」と「私」の幸福

アルボムッレ・スマナサーラ［著］

ブッダが発見した「無常」の本当の意味を明らかにして、日本人の無常観を根底から覆す！

ブッダが説く「無常」は、「花が散って寂しい」「親しい人が死んで悲しい」といった感情的なものではありません。「無常」とは、物質も生命の心も、万物は瞬時に変化するという普遍的で客観的な事実です。一切の現象は一時的に成立しているにすぎません。そして、無常に基づいて生きるなら、明るく、元気でいられます。無常は、人生そのものを引っくり返して、苦しみを完全になくして、解脱、覚りを体験させる真理なのです。

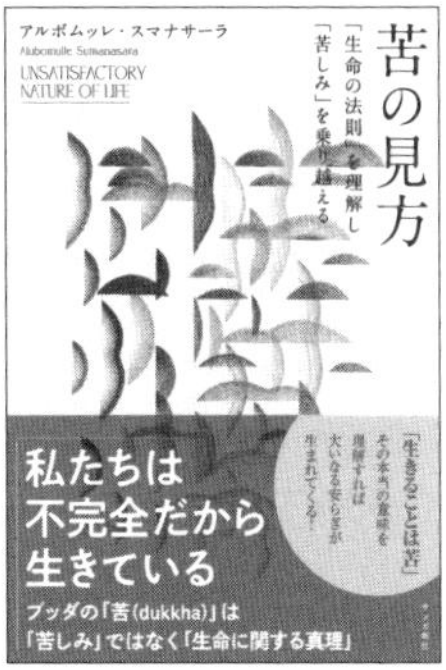

定価：本体1,750円＋税
四六判／並製／198ページ
ISBN978-4-910770-73-4

苦の見方

「生命の法則」を理解し「苦しみ」を乗り越える

アルボムッレ・スマナサーラ［著］

ブッダの「苦（dukkha）」は「苦しみ」ではなく「生命に関する真理」

「苦（dukkha）」は、お釈迦様が発見した「生命に関する真理」です。それは、日本人がイメージする「苦しみ」とはニュアンスが異なります。「苦しみ」も「楽しみ」も含めて、「命」そのものが「苦（dukkha）」なのです。私たちは「楽しい」と感じるときもありますが、「楽しみ」には限界があります。そして、「ある苦しみ」を「別の苦しみ」に変えることが、「生きること」の正体です。この「苦（dukkha）」の真意を理解し、苦を滅する道を歩むことが仏道なのです。

図解でわかる!
・食べる瞑想 ・立つ瞑想
・歩く瞑想 ・座る瞑想

ヴィパッサナー瞑想　図解実践

自分を変える気づきの瞑想法【決定版】

アルボムッレ・スマナサーラ［著］

定価：本体1,600円＋税／A5判変型／並製／296ページ／ISBN978-4-910770-51-2

ストレスに負けずに前向きに生きる力を育て、
心のモヤモヤをきれいに取り去るお釈迦様の瞑想法

やさしい気持ちを育てる「**慈悲の瞑想**」から、
ブッダが悟りを開いた「**ヴィパッサナー瞑想**」まで——
マインドフルネスの起源である仏教瞑想を
わかりやすく解説する入門実践ガイドの決定版！

熊野宏昭先生 **名越康文**先生推薦!

スッタニパータ「犀の経典」を読む

アルボムッレ・スマナサーラ［著］

定価：本体4,000円＋税／A5判／上製／272ページ／ISBN978-4-910770-13-0

「犀の角のようにただ独り歩め」
とはあらゆる関係性からの独立宣言であり、
仏道を照らし出す灯火のような一句なのだ。
宮崎哲弥氏推薦!

最古層の経典「犀の経典」全41偈を明解に解説!

覚りに達した聖者は、私たちが生きる世界をどのように分析するのか？悩み苦しみが生まれる原因を明らかにし、真の自由を獲得する道を指し示す！

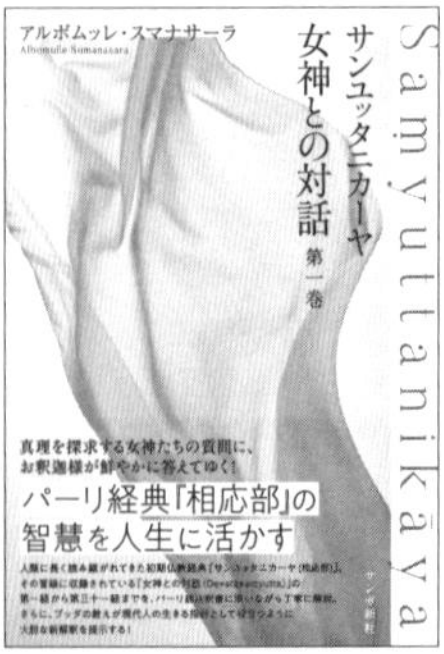

サンユッタニカーヤ 女神との対話

第一巻

アルボムッレ・スマナサーラ［著］

定価：本体4,500円＋税／A5判／上製／384ページ／ISBN978-4-910770-00-0

真理を探求する女神たちの質問に、お釈迦様が鮮やかに答えてゆく!

パーリ経典『相応部』の智慧を人生に活かす

人類に長く読み継がれてきた初期仏教経典『サンユッタニカーヤ（相応部）』。その冒頭に収録されている「女神との対話（Devatāsaṃyutta）」の第一経から第三十一経までを、パーリ語注釈書に添いながら丁寧に解説。さらに、ブッダの教えが現代人の生きる指針として役立つように大胆な新解釈を提示する！

サンガジャパンプラス Vol.1
特集「なぜ今、仏教なのか」

定価：本体2,500円＋税／A5判／並製／472ページ／ISBN 978-4-910770-10-9

『サンガジャパンプラス』は「同時代×仏教」というコンセプトを掲げ、現代の様々な事象を仏教の視点から掘り下げていく総合誌です。創刊号の特集テーマは「なぜ今、仏教なのか」。戦争やパンデミックに直面する現在の問題を考えます。

〔寄稿者〕
アルボムッレ・スマナサーラ／横田南嶺／藤田一照／内田樹／中島岳志／プラユキ・ナラテボー／青山俊董／玄侑宗久／ヨンゲ・ミンギュル・リンポチェ／チャディ・メン・タン ほか

サンガジャパンプラス Vol.2
特集「慈悲と瞑想」

定価：本体2,500円＋税／A5判／並製／472ページ／ISBN978-4-910770-30-7

『サンガジャパンプラス』創刊第2号の特集「慈悲と瞑想」です。第1特集「慈悲で花開く人生」と、第2特集「パーリ経典と仏教瞑想」の二大特集でお届けします。

〔寄稿者〕
アルボムッレ・スマナサーラ／プラユキ・ナラテボー／柳田敏洋／松本紹圭／熊谷晋一郎／／熊野宏昭／蓑輪顕量／石川勇一／島田啓介／チャディ・メン・タン／ジョン・カバット・ジン ほか

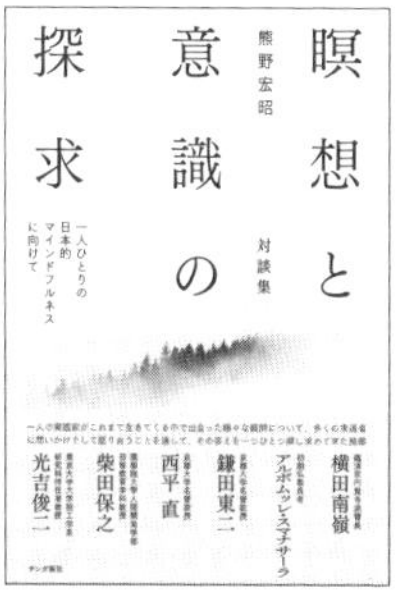

瞑想と意識の探求

一人ひとりの日本的マインドフルネスに向けて

熊野 宏昭［著］

定価：本体3,600円＋税／四六判／並製／448ページ／ISBN978-4-910770-08-6

日本におけるマインドフルネスの第一人者で心療内科医の早稲田大学教授・熊野宏昭氏が、瞑想をテーマに6人の探求者と語り合う対談集。

〔対談者〕
横田南嶺（臨済宗円覚寺派管長）
アルボムッレ・スマナサーラ（初期仏教長老）
鎌田東二（天理大学客員教授・京都大学名誉教授）
西平 直（上智大学グリーフケア研究所特任教授・京都大学名誉教授）
柴田保之（國學院大學人間開発学部教授）
光吉俊二（東京大学大学院工学系研究科特任准教授）

サンガ新社ニュースレター〔登録募集中！〕

サンガ新社ではセミナーや新刊情報をいち早くお届けする
メールマガジンのサンガ新社ニュースレターを配信しています。
購読は無料です。お気軽にご登録ください。

ご登録はこちら→

https://samgha-shinsha.jp/mailmagazine/

『ダンマパダ法話全集』のご案内

WEBでのご注文	https://online.samgha-shinsha.jp/items/ 〔サンガオンラインストア〕
お電話でのご注文	050-3717-1523〔株式会社サンガ新社〕
メールでのご注文	info@samgha-shinsha.jp〔株式会社サンガ新社〕

『ダンマパダ法話全集』全十巻シリーズは最終巻からさかのぼるかたちで刊行しています。

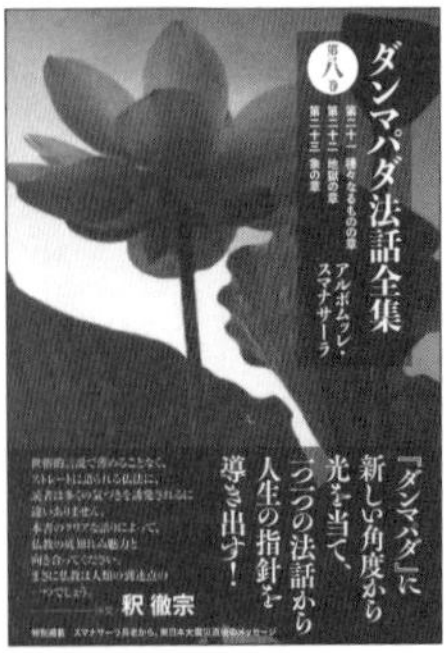

ダンマパダ法話全集　第八巻

第二十一　種々なるものの章
第二十二　地獄の章
第二十三　象の章

アルボムッレ・スマナサーラ［著］

刊行：サンガ新社／定価：本体3,900円+税／A5判／上製／304ページ

世俗的言説で薄めることなく、ストレートに語られる仏法に、読者は多くの気づきを誘発されるに違いありません。本書のクリアな語りによって、仏教の底知れぬ魅力と向き合ってください。まさに仏教は人類の到達点の一つでしょう。———序文　**釈 徹宗**

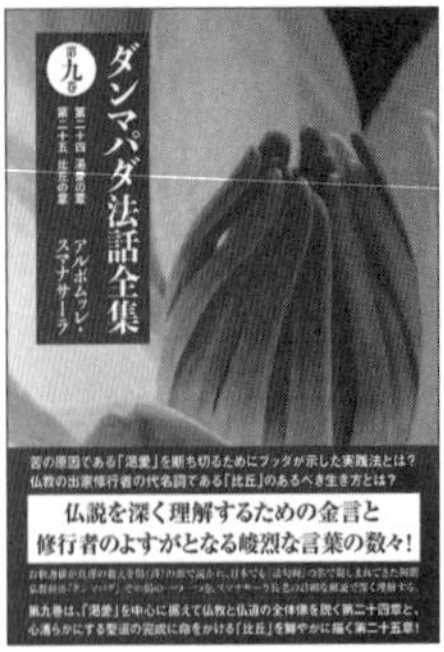

ダンマパダ法話全集　第九巻

第二十四　渇愛の章
第二十五　比丘の章

アルボムッレ・スマナサーラ［著］

刊行：サンガ
定価：本体3,900円+税／A5判／上製／376ページ

第九巻は、「渇愛」を中心に据えて仏教と仏道の全体像を説く第二十四章と、心清らかにする聖道の完成に命をかける「比丘」を鮮やかに描く第二十五章！

ダンマパダ法話全集　第十巻

第二十六　婆羅門《バラモン》の章

アルボムッレ・スマナサーラ［著］

刊行：サンガ
定価：本体3,900円+税／A5判／上製／392ページ

全二十六章・423偈の『ダンマパダ』を、全十巻シリーズで完全網羅。第十巻は、覚りを開いた聖者である「真のバラモン」に迫る第二十六章！